梵蔵対照『安立次第論』研究

田中公明

Samājasādhana-Vyavastholi
of Nāgabodhi/Nāgabuddhi

Introduction and Romanized Sanskrit and Tibetan Texts

Kimiaki TANAKA

渡辺出版 2016年

WATANABE PUBLISHING Co., Ltd., Tokyo 2016.

『秘密集会』曼荼羅の諸尊(デルゲ版)

Deities of the Guhyasamāja-maṇḍala (sDe-dge printing press)

目次 (Contents)

チベット語要旨 (Summary in Tibetan) 5

文献概説 7

Introduction 41

付図 (Accompanying Diagrams) 73

Romanized Sanskrit and Tibetan Texts 79

ビブリオグラフィー (Bibliography) 139

あとがき (Postscript) 143

論文の初出一覧 148

著者略歴 (About the Author) 149

ツォンカパ

Tson kha pa

Summary in Tibetan

འཕགས་པ་ཀླུའི་བྱང་ཆུབ་བམ་ཀླུའི་བློ་ཡིས་མཛད་པའི་འདུས་པའི་སྒྲུབ་ཐབས་རྣམ་པར་གཞག་པའི་རིམ་པ་འདི་ནི། ནང་པ་སངས་རྒྱས་པའི་གསང་སྔགས་ཐེག་པའི་གལ་གནད་ཆེ་བའི་གཞུང་ཞིག་ཡིན་ཀྱང་། རྒྱ་གར་མཁས་ཆེན་ཀྵ་ཧུ་ལ་སྨན་ཀྲིཏ་ཡཱ་ཡ་ན་བོད་དུ་ཕེབས་སྐབས་ཏཱ་ལ་པ་ཏྲའི་(ཤིང་ལོའི་)ཐོག་བྲིས་པའི་རྒྱ་དཔེ་དཀོན་གྲས་ཇི་སྙེད་པར་རྒྱབ་པའི་ཁོངས་སུ་རྣམ་གཞག་རིམ་པའི་རྒྱ་དཔེ་ཞིག་ཐོན་པ་དེ་ཙམ་ལས་རྒྱ་དཔེ་གཞན་སྙེད་སོན་མ་བྱུང་།

ད་ལྟ་མ་དཔེ་འདི་ལ་གཞིར་བཅོལ་ནས་བསྟན་བཅོས་འདིའི་ནང་ལ་དྲངས་པའི་མངོན་པ་མཛོད་ལ་སོགས་པའི་བསྟན་བཅོས་རྣམས་དང་། གསང་འདུས་འཕགས་ལུགས་ཀྱི་གཞུང་གཞན་རྣམས་སུ་ཚིགས་བཅད་འདྲ་མཐུན་བཞུགས་པ་རྣམས་ལ་གཞི་བཅོལ་ནས་རྒྱ་དཔེ་གཏན་ལ་ཕབ་པ་ཡིན་ནོ། ། དེར་མ་ཟད་རྒྱ་དཔེའི་གཞུང་ཙོང་ཁ་པ་ཆེན་པོས་མཛད་པའི་རྣམ་པར་གཞག་པའི་རིམ་པའི་རྣམ་བཤད་དཔལ་གསང་བ་འདུས་པའི་གནད་ཀྱི་དོན་གསལ་བ་ལ་གཞིར་བཟུང་ནས་ས་བཅད་བསྒྲིགས་ནས་གཞུང་འདིའི་བོད་འགྱུར་བསྟན་འགྱུར་དུ་བཞུགས་ཡོད་པ་དང་མཉམ་དུ་སྐད་གཉིས་ཤན་སྦྱར་པར་སྐྲུན་ཞུས་སོ། །

ཞིབ་ཕྲ་ཤེས་པར་འདོད་ན་དཔེ་ཆ་འདིའི་ཨིན་སྐད་ཀྱི་སྔོན་གླེང་(introduction)ལ་གཟིགས་རོགས་གནང་།།

སྤྱི་ལོ་༢༠༡༥་ཟླ་༩་ཚེས་༢༩

རྩོམ་པ་པོ་ནས་

༄། །སློབ་དཔོན་ཀླུའི་བྱང་ཆུབ་ལ་ན་མོ། །

龍智

Nāgabodhi/Nāgabuddhi

文献概説

(1) はじめに

著者は、いままで『秘密集会タントラ』の解釈学派「聖者流」のNāgabodhi/Nāgabuddhiに帰せられる『秘密集会曼荼羅儀軌二十』*Śrī-guhyasamāja-maṇḍalopāyikā-viṃśati-vidhi*（北京 No.2675、以下*Viṃśatividhi*と略）について、Nepal German Manuscript Preservation Project（以下NGMPPと略）が撮影したサンスクリット（以下Skt.と略）写本*Vajrācāryanayottama*[1]（NGMPP: Reel. No. E920/12）から回収された原文を中心に研究を進め、これら一連の研究は、田中 2010の第2部にまとめられた[2]。

Nāgabodhi/Nāgabuddhiは、真言八祖の一人に数えられる龍智Nāgabodhiと同名であるが、同一人物か否かについては、よく分かっていない[3]。サンスクリット写本では、ほとんど例外なくNāgabuddhiと綴られるが[4]、チベットではKlu'i byaṅ chub (=Nāgabodhi) とKlu'i blo (=Nāgabuddhi) を同一視し、Klu'i

---

1. *Vajrācāryanayottama*については、田中 1998を参照。その後、*Akṣasūtrapratiṣṭhā-vidhi*（NGMPP: Reel. No. E1752/3）も、同一写本を撮影したものであることが分かったが、後者は2 folio半が欠けている。

2. その後、Tucciがシャル寺の*Viṃśatividhi*の写本を撮影した写真が、IsIAOに所蔵されることが分かったが、イタリア側の事情により公開されていない。

3. 真言八祖の龍智は700歳の長寿を保ったとされるが、チベット仏教にもNāgabodhi/Nāgabuddhiの長寿伝説が伝えられるのは興味深い。しかし現在の研究では、両者の推定年代には、100年ほどのタイムラグがある。

4. 本写本でも奥書(27b2)にkṛtir ācāryaNāgabuddhipādānāṃとある。

byaṅ chubを略してKlu byaṅと呼ぶことが多い[5]。

Nāgabodhiには、*Viṃśatividhi*の他に『集会成就法安立次第』*'Dus pa'i sgrub pa'i thabs rnam par bźag pa'i rim pa*（北京 No.2674、以下『安立次第論』と略）と題するもう一篇の重要な著作が存在する。著者はかつて、Nāgabodhiに帰せられる*Viṃśatividhi*[6]と、Nāgabuddhiの作とされる『安立次第論』の内容を比較し、両者に『初会金剛頂経』系の瑜伽yogaと『秘密集会』系の大瑜伽mahāyogaを併称した両瑜伽ubhayayogaという、独特の密教聖典分類法が見られることを指摘した[7]。これはこの両文献が、同一人物の著作である可能性を示唆するものといえる。

*Viṃśatividhi*が曼荼羅儀礼の実践的なマニュアルであるのに対し、『安立次第論』は、曼荼羅を用いたヨーガの思想的意義を説き、チベット仏教、その中でもゲルク派において重視されてきた。

とくに『秘密集会』聖者流に基づいてチベット密教を体系化したツォンカパ（1357-1419）は本書を重視し、『安立次第論註釈・吉祥秘密集要義解明』*rNam gźag rim pa'i rnam bśad, dpal gsaṅ ba 'dus pa'i gnad kyi don gsal ba*[8]（北京 No.6196、以下『安立次第論註釈』と略）を著して、その内容に詳細な解説を加えた。このように『安立次第論』は、チベット仏教で重視されてきたにも

5. Bu ston, Rin chen grub: dPal gsaṅ ba 'dus pa'i rgyud 'grel gyi bśad thabs kyi yan lag, gsaṅ ba'i sgo 'byed, *The Collected Works of Bu-ston*, Part 9 [Ta], New Delhi 1967, fols.72-73に龍智の略伝が出るが、同書ではNāgabodhiとNāgabuddhiが同一人物の異名とされている。

6. チベット訳に見られる著者名は、Klu'i byaṅ chub (=Nagabodhi)となっている。

7. Tanaka 2009, 431-432.

8. 同書については、北村・ツルティム 2000を参照。

かかわらず、そのSkt.写本は最近まで発見されていなかった。

著者は、前述の*Vajrācāryanayottama*に『安立次第論』とパラレルな一節があることを発見したが、*Vajrācāryanayottama*のカトマンドゥ写本は、この部分を記した46aと45bが破損しており、さらに研究を進めることはできなかった。

ところがその後、ゲッチンゲン大学図書館所蔵のSkt.写本の写真[9]の中に、*Vajrācāryanayottama*の別写本があることが分かった。（以下ゲッチンゲン写本と略）なおゲッチンゲン大学は、パトナのK. P. Jayaswal Instituteから、Rāhula Sāṅkṛtyāyana撮影の写真を入手しただけで、写本自体を所蔵しているわけではない。その後ゲッチンゲン大学から写真の目録が刊行されたが、編者が密教の専門家ではなかったこともあり、多くのテキストが同定されないままになっていた。同目録のSanskrit Manuscipt Xc14/30[10]のセクターB[11]が、*Vajrācārya-nayottama*に相当することが明らかにしたのは、Harunaga Isaacson、苫米地等流両氏である。

さらにRāhula Sāṅkṛtyāyanaが同時に撮影した写真のセクターAに、『安立次第論』の完本が含まれていることも分かった。セクターAは、『秘密集会』聖者流の複数の文献を連写した写本で、『安立次第論』に対応する部分は、Aの

9. 2002年のヨーロッパ調査でゲッチンゲン写本のCD-ROMを購入したが、*Viṃśatividhi*に対応する部分は存在しなかった。

10. Bandurski 1994, 9-126. Rāhula Sāṅkṛtyāyana撮影の写真には、*Pañcakramādi*と仮題が付されている。彼が撮影したのであれば当然、Sāṅkṛtyāyana 1935, 1937, 1938の何れかに記載があるはずだが、見当たらない。またBandurski 1994にも、写本の出処についての記述がない。

11. XC14/30は、複数の写本から構成されており、そのセクター分割とfol.番号に関しては、苫米地 2004を参照。

21bから27bまでである。しかし後述のように、セクターAは写真の状態が悪く、かなりの部分が判読困難な状態にあった。

しかしこれら3写本の比較により、『安立次第論』全文のほぼ8分の1に当たるSkt.原文が回収できた。そこで著者は、田中 2005aにおいて、*Vajrācārya-nayottama*が引用した3-1-3から3-3-3までのSkt.テキストを公表した。しかし他の部分は、判読が困難なSāṅkṛtyāyana撮影写真のセクターA以外には資料がなく、ローマ字化テキストを整定することができなかった。

ところがその後研究を進めるうちに、『安立次第論』は、Skt.テキストが残存する他の論書を、出典を明らかにすることなく引用したり、逆に他の後期密教聖典が、出典を明らかにすることなく『安立次第論』を参照しているため、そこから判読不能の箇所を、かなりの確度で復元できることが分かった。そこで著者は、田中 2009において、これらの資料に基づいて判読不能の部分を復元した第1章のSkt.テキストを公表するとともに、その内容を検討した。

ところが2010年8月にバンクーバーで開催された第12回国際チベット学会（IATS）で知り合ったイスラエルの研究者Yael Bentor博士と情報交換したところ、彼女の手許にあるデジタルデータは、それほど判読が困難ではないといわれた。そこでBentor博士のデジタルデータを見せてもらったところ、著者が入手したデータより、はるかに鮮明であることが分かった。

著者とBentor博士のデータは、ともにSāṅkṛtyāyanaが撮影した写真をデジタル化したものだが、マイクロフィルムと違い、Sāṅkṛtyāyanaが使用した写真乾板には、かなりのグレーゾーンが存在する。そこで白黒の閾値（スレショールド）を写真ごとに調節し、ハレーションを起こした部分の露出を抑え、黒く潰れてしまった部分を明るくする等の補正を施し、かなりの文字が判読できるようになったと推定される。[12]

そこで2011年以後は、新たにBentor博士から提供されたデータを参照しつつ、『安立次第論』の他の各章のローマ字化テキストを提出するとともに、その内容を概観する論文を発表した。そしてSāṅkṛtyāyana撮影の写真に基づく『安立次第論』の研究は、田中 2013において、いちおうの完結を見た。

しかし不鮮明な写真に基づいて発表した田中 2005a, 2009には、判読不能ののまま残された箇所や、字形の取り違えなどの問題が多く、改稿の必要を感じていたが、長らくその機会に恵まれなかった。ところが2015年に日本学術振興会から、科学研究費基盤研究（C）「インド・チベット密教と曼荼羅の研究」が採択されたのを機に、従来発表してきた論文をまとめ、英文概説とビブリオグラフィーを付した研究書として刊行することにした。

なお本文献のSkt.題名は、チベット訳によれば*Samājasādhanavyavastholi*となっている。いっぽうゲッチンゲン写本には、巻頭と各章の末尾に*Vyavastholi*というタイトルが現れる。また本文献を引用するMuniśrībhadraの*Pañcakrama-ṭippaṇī*の写本には、vyastholyām（sg.loc.）なる語形が現れ、これを蒋・苫米地はvyavasthālyām（sg.loc.）と修補している。[13] このように『安立次第論』の原題については、さらなる検討が必要である。

---

12. なお同じXC14/30に含まれる別の文献を研究した苫米地等流氏も写真の状態が悪いと述べており、Bentor博士が入手したデータは、利用者からの苦情により、ゲッチンゲン大学側で露出等を補正した後のものではないかと思われる。

13. Jiang and Tomabechi 1996, 14.

(2) 写本の状態

それでは４章からなる『安立次第論』の章立てにしたがって、写本の状態を概観したい。なおSāṅkṛtyāyana撮影の乾板とフォリオの対応関係については、図１を参照されたい。

第１章は、ゲッチンゲン写本XC14/30のセクターAの21b2から23b4までに相当する。[14] Sāṅkṛtyāyanaは、当時貴重品であった乾板を節約するため、一枚の板に９葉の貝葉を貼り付け、撮影が終わると９葉すべてを裏返して貼り付け、一括して撮影した。ところが写本の表面15a-23aを撮影した第３の乾板は状態が悪く、とくに22aは一葉の左半分が、ピンぼけのため文字の輪郭がおぼろげながら判別できる程度で、ほぼ判読不能になっていた。これに対して23aは、一葉の右半分のピントが合っておらず判読がきわめて困難である。

Yael Bentor博士から新たなデジタルデータが提供され、状況は若干改善されたが、それでも22aと23aが判読困難であることに変わりはない。

ところが第１章は、他文献とのparallel passageが多く、そこから判読困難な箇所を、かなりの確度で復元できることが分かった。

第２章は、ゲッチンゲン写本セクターAの23b4から24a9に相当する。このうち23bは第４、24aは第５の乾板に撮影されている。

なおゲッチンゲン写本は、第２章を「第３章」tṛtīyaḥ paricchedaḥあるいは「第３のウパデーシャ」tṛtīyopadeśaと記しているが、これは第２の誤りと考

---

14. Skt.写本では、チベット訳の第１章末尾に相当する箇所に第２章dvitīyaparicchedaḥと記され、これ以後、チベット訳の章番号と一つずつズレている。第１章の章題は22aの下段欄外に記されており、挿入位置が明らかでない。

えられる。[15]

いっぽう第３章は、その大半が*Vajrācāryanayottama*に引用されているので、3-1-3から3-3-3までは３種のSkt.写本を参照することができる。それでは、これら３写本を概観してみよう。

まずカトマンドゥ写本（以下Ms.Kと略）は、著者が*Viṃśatividhi*のローマ字化テキスト整定に用いたカトマンドゥの個人コレクション（NGMPP: Reel No. E920/12）であるが、この写本は現在、行方不明になっている。[16]

全体は、筆跡からＡ（４葉）Ｂ（22葉）Ｃ（20葉）の３グループに分けられるが、『安立次第論』に相当する34a,46a,45bは、*Viṃśatividhi*と同じＢ群に属している。このうち34aの保存状態は良好だが、46aと45bは写本の左端と右半分を欠いており、全葉の半分程度しか読むことができない。（以下Ms.Kと略）

これに対して*Vajrācāryanayottama*のゲッチンゲン写本で、『安立次第論』に対応するのは、セクターＢの26b3から30a2[17]までで、Rāhula Sāṅkṛtyāyana撮影の写真では、第18と第19の乾板に撮影されている。Sāṅkṛtyāyanaは、当時貴重品であった乾板を節約するため、20葉のフォリオをピンで板に張り付け、写本の表面を第18、裏面を第19の乾板に撮影しているが、セクターAとは異なり、写本一葉に５行から６行しか記されていないため、文字は比較的明瞭に判読することができる。（以下Ms.Gbと略）

いっぽうセクターAは、これまで『安立次第論』の現存唯一の写本として、

---

15. この問題については、本書の註13を参照。

16. NGMPPのカードにはGinni Sharma氏提供とあるが、この名前をNGMPPの旧スタッフに問い合わせても心当たりがなく、偽名の可能性が高い。

17. 写本のセクター分割とfol.番号は、苫米地 2004によったが、r=recto, v=versoはa, bと表記した。

底本としてきたものである。（以下Ms.Gaと略）Sāṅkṛtyāyanaが撮影した写真には不鮮明なカットが少なくないが、この部分でも、25bを撮影した第6の乾板は比較的鮮明であるが、25aと26aが写っている第5の乾板は非常に不鮮明である。しかしこの部分は、Ms.K, Ms.Gbや他文献を援用することができるので、なんとか文字を判読することができた。

いっぽうチベット訳では、この部分は影印北京版『西蔵大蔵経』（鈴木学術財団）Vol.62の10-2-1から11-1-2まで、中国蔵学研究中心 1997[18]の351-13から355-21までに相当する。

第３章のうち*Vajrācāryanayottama*に引用された部分は、全４章のほぼ６分の１弱に相当し、現在のところ天下の孤本であるサンスクリット写本の読みを補正するのに有益である。上記３写本とチベット訳の対応関係については、表４を参照されたい。

なおゲッチンゲン写本は、第３章を「第４章」caturthaḥ paricchedaḥと記しているが、これは第３章の誤りと考えられる[19]。

第４章は、ゲッチンゲン写本セクターAの26b2から27b2に相当し[20]、26bと27bはSāṅkṛtyāyanaが撮影した第６、27aは第５の乾板に撮影されている。このうち第５の乾板に撮影された27aは露出が不十分で判読が困難であるが、第１章を記した25aと26aほど状態は悪くない。これに対して第６の乾板に撮影された26bと27bは、比較的明瞭に文字が判読できる。

なお写本は、第４章を「第５の安立次第」paṃcamavyavastholisと記してい

18. 中国蔵学研究中心編『丹珠爾』（対勘本）第１８巻。

19. この問題については、本書の註13を参照。

20. XC14/30は、複数の写本から構成されており、そのセクター分割とfol.番号に関しては、苫米地 2004を参照。

るが、これは第４の誤りと考えられる。[21]

(3)第１章の内容

それではツォンカパの『安立次第論註釈』を参照しつつ、各章の内容を概観することにしよう。

『安立次第論註釈』では、第１章の解説が、1-1「器世間建立の次第と合わせて修習する」snod kyi srid pa daṅ mthun par bsgom pa、1-2「衆生世間の次第と合わせて修習する」bcud kyi srid pa'i rim pa daṅ mthun par bsgom pa、1-3「両者と合わせて修習すると仰せられたことの密意を解明する」de dag daṅ bstun nas bsgom par gsuṅs pa'i dgoṅs pa gtan la dbab paの３節に分けられている。しかし『安立次第論』の本文に対応するのは、1-1.と1-2.だけである。

このうち「器世間建立の次第と合わせて修習する」は、劫初に四大から須弥山世界が成立するプロセスを観想するもので、日本密教に伝えられる道場観とも共通する点が少なくない。

つぎの1-2「衆生世間の次第と合わせて修習する」の前半部分は、最も判読困難な22aに記されている。まず前節で器世間が完成した後、識主vijñānādhipatiである大持金剛が、衆生世間を化現させると説かれる。この後、衆生の生に、卵生・胎生・湿生・化生の別があることを説く。この部分は『倶舎論』3-8の註釈に、ほぼ同文[22]が見出せ、ピンぼけの写真に写っている文字の輪郭にほぼ一致するため、そこから修補することができた。

つぎに須弥山世界には、東勝身洲・南贍部洲・西牛貨洲・北倶盧洲の四大洲

21. この問題については、本書の註13を参照。

22. Shastri 1971, 401-402.

表1 『安立次第論』第1章の構成と引用・参照文献

ツォンカパによる分科			写本	丹珠爾	引用・参照文献
要旨 mdor bstan pa			21b2 21b3	337-1 337-7	 *Piṇḍīkrama* v.19
1-1. 器世間建立の次第と合わせて修習する snod kyi srid pa daṅ mthun par bsgom pa	1-1-1. 器世間の壊滅と空劫と同様に修習 snod źig ciṅ stoṅs pa daṅ mthun par bsgom pa	1-1-1-1. 器世間を壊滅する次第	21b5	338-4	
		1-1-1-2. それに随順して修習する	21b6	338-9	
	1-1-2. 器世間の生成と同様に修習 snod chags pa'i rim pa daṅ mthun par bsgom pa	1-1-2-1. 四大輪等の生成	21b6 21b9	338-11 338-21	 *Piṇḍīkrama* v.19
		1-1-2-2. 山と四大洲の生成	21b9	339-2	
1-2. 衆生世間の次第と合わせて修習する bcud kyi srid pa'i rim pa daṅ mthun par bsgom pa	1-2-1. 略説 mdor bstan pa		22a2	339-9	
	1-2-2. 詳説 rgyas par bśad pa	1-2-2-1. 一般的説示	22a2 22a3	339-13 339-13	 *Abhidharmakośa* II 401-402
		1-2-2-2. 人の有を生じる次第のみ	22a5 22a7 22a9	340-6 340-11 340-21	 *Saṃvarodayatantra* II *Asādhāraṇaguhyamahāyoga*
		1-2-2-3. 次第そのものを説く	22a10 22b3 22b5 22b6 22b10 23a4 23a4 23a5 23a6 23a9 23a9 23b2 23b2	341-7 341-21 342-6 342-11 343-9 344-3 344-5 344-8 344-14 345-4 345-7 345-13 345-16	 *Abhidharmakośa* II 405 *Bhadrapālipariprcchā* *Abhidharmakośa* v.3-14 *Abhidharmakośa* II 410 *Vajrācāryanayottama* *Guhyasamāja* I *Abhidharmakośa* II 433 *Saṃvarodayatantra* II *Abhidharmakośa* II 433 *Abhidharmakośa* II 427 *Guhyasamāja* I *Caturdevīpariprcchā*

があるが、最後有caramabhavikaの菩薩は必ず南贍部州に生を享ける理由を述べる。この部分は、すでにツォンカパが指摘したように、『サンヴァラ』の釈タントラとされる『サンヴァローダヤ』の第2章に類似の一節がある。

『安立次第論』が散文であるのに対し、『サンヴァローダヤ』は韻文となっているため完全に同文ではないが、用語法が酷似しており、チベット訳と不鮮明な写真、津田真一博士による『サンヴァローダヤ』の校訂テキスト[23]を比較することにより、何とか修補することができた。

最後に劫初の衆生は化生であり、種々の神通力をもっていたが、やがて段食を食することにより通力を失い、男女の根を生じ、有性生殖を営むようになったと説く。なお22aは、この一節の冒頭部分で終わっている。

これに対して22bは、写真の状態が比較的良好で、写本とparallel passageに基づき、ほぼテキストを復元することができた。この部分は、輪廻転生の重要なファクターとなる中有について、『倶舎論』を引用しつつ、論述が進められている。また引用文献として、『大乗顕識経』*Bhadrapālipariprcchā*（大正No.347）[24]が中有の衆生について説いた「棄此身界受於中陰得天妙念。見六欲天十六地獄。見己之身。手足端嚴諸根麗美。見所棄屍云此是我前生之身」[25]の原文を見ることができるのが注目される。なお同経は、『行合集灯』*Caryāmelāpakapradīpa*（北京、No.2668）にも引用されており、密教に輪廻転生の理論

23. Tsuda 1974, 73-77.

24. 『大宝積経』「賢護長者会」（大正 No.310(39)）に相当する。『移識経』ともいう。

25. 大正 Vol. 12, 182b. デルゲ版 dkon-brtsegs, cha 82a2-3.

を取り入れた『秘密集会』聖者流で重視されたことが分かる。[26]

いっぽう判読が困難な23aには、中有の衆生が母の胎内に宿るプロセスが説かれる。まず受胎の三条件を説く一節は、『倶舎論』3-12の註に同文が認められる。[27] つづいて父母の性行為を目撃したガンダルヴァ（中有の衆生）が母の胎内に入るプロセスについては、前述の*Vajrācāryanayottama*[28]と『サンヴァローダヤ』Ⅱ-15以下に類似の一節が認められる。ついで胎児の成長を論じる胎内五位の説明は、『倶舎論』3-18の註が引用する『雑阿含』49[29]に一致する。さらに胎内五位の五仏への配当等は、『サンヴァローダヤ』Ⅱ-21以下[30]に類似偈が認められる。

ついで胎児の処胎については『倶舎論』が引用した『雑阿含』49に続く部分に同文があり、23aの末尾に当たる男女の処胎の別を説く一節は、『倶舎論』3-15の註に同文が認められる。[31]

このように『安立次第論』の第１章は、Sāṅkṛtyāyanaが撮影した写真の状態が悪く、サンスクリット原文の回収が困難であったが、サンスクリット原文が伝存する他のテキストとの比較によって、ほぼ全文が回収できるようになった。またその引用・参照の方向は、『安立次第論』が『倶舎論』を引用し、それよ

26. 田中 1997, 198-199.

27. Shastri 1971, 410.

28. この部分は筆者がC群に分類した究竟次第関係のテキストで、その概要は田中 2000で紹介したが、ローマ字化テキストは、一部しか公表していない。

29. Shastri 1971, 433.

30. Tsuda 1974, 75-76.

31. Shastri 1971, 427.

り後に成立した『サンヴァローダヤ』と*Vajrācāryanayottama*に参照されたと見るのが妥当である。

なお本章の構成と他文献との引用・参照関係については、一々言及すると煩瑣になるため表1[32]を制作した。あわせて参照されたい。

(4)第2章の内容

ツォンカパの『安立次第論註釈』では、第2章の内容が、2-1「身体を所依の曼荼羅として修習する」lus rten gyi dkyil 'khor du bsgom pa, 2-2「能依の曼荼羅として修習する因と果を説く」brten pa'i dkyil 'khor du sgom pa'i rgyu 'bras bstan paの2節に分けられ、さらに第2節は、2-2-1「(五) 蘊に五部を建立する因と果の説示」phuṅ po la rigs lṅa dgod pa'i rgyu 'bras bstan pa, 2-2-2「界 (四大) に四仏母を建立する因と果の説示」khams la yum bźi dgod pa'i rgyu 'bras bstan pa, 2-2-3「(五) 根と支節と腱に八大菩薩を建立する因と果の説示」dbaṅ po daṅ tshigs daṅ rgyus pa la sems dpa' brgyad dgod pa'i rgyu 'bras bstan pa, 2-2-4「(五) 境に五金剛女を建立する因と果の説示」yul la sems ma lṅa dgod pa'i rgyu 'bras bstan pa, 2-2-5「四肢等に十忿怒を建立する因と果の説示」yan lag rnams la khro bo bcu dgod pa'i rgyu 'bras bstan paの5段に分科されている。

2-1「身体を所依の曼荼羅として修習する」は、写本ではわずか2行に過ぎない。まず第一に (本章の主題となる) 身体曼荼羅の設定を説くとあり、シュローカ1偈を説く。なお現在のところ、その出典を明らかにすることはできなかった。つづいて『秘密集会』のウッタラタントラから第100偈を引用して教

32.「ツォンカパによる分科」では、『安立次第論註釈』に基づく分科、「丹珠爾」には、中国蔵学研究中心 1997における頁と行番号を示した。

表 2　『安立次第論』第 2 章の構成と引用・参照文献

ツォンカパによる分科		写本	丹珠爾	引用・参照文献
2-1. 身体を所依の曼荼羅として修習する lus rten gyi dkyil khor du bsgom pa		23b4 23b5	346-5 346-8	 *Guhyasamāja* XVIII-100
2-2. 能依の曼荼羅として修習する因と果を説く brten pa'i dkyil 'khor du sgom pa'i rgyu 'bras bstan pa	2-2-1. (五)蘊に五部を建立する因と果の説示phuṅ po la rigs lṅa dgod pa'i rgyu 'bras bstan pa	23b6 23b10 23b7	346-11 346-12 346-20	 *Guhyasamāja* XVII-50ab *Guhyasamāja* I-4
	2-2-2. 界(四大)に四仏母を建立する因と果の説示khams la yum bźi dgod pa'i rgyu 'bras bstan pa	23b8 23b8	347-2 347-6	 *Guhyasamāja* XVII-51
	2-2-3. (五)根と支節と脈管に八大菩薩を建立する因と果の説示 dbaṅ po daṅ tshigs daṅ rgyus pa la sems dpa' brgyad dgod pa'i rgyu 'bras bstan pa	23b9	347-9	
	2-2-4. (五)境に五金剛女を建立する因と果の説示 yul la sems ma lṅa dgod pa'i rgyu 'bras bstan pa	24a4 24a5 24a6 24a6	348-5 348-8 348-12 348-13	 *Sarvabuddhasamāyoga* 2-21 *Guhyasamāja* XVII-50cd *Guhyasamāja* VII-14ab
	2-2-5. 四肢に十忿怒を建立する因と果の説示 yan lag rnams la khro bo bcu dgod pa'i rgyu 'bras bstan pa	24a6 24a6 24a7 24a7 24a9 24a9	348-15 348-16 348-17 348-19 349-3 349-6	 *Piṇḍīkrama* 66 *Piṇḍīkrama* 67 *Piṇḍīkrama* 68 *Guhyasamāja* XIII-27

証とする。

同偈は、曼荼羅に婆伽bhagaと菩提心と身体の三種があると説くものだが、『安立次第論』とウッタラタントラでは、最初のpāda Aのみ語句が相違している。

後期密教の曼荼羅理論では、曼荼羅の諸尊は「能依」つまり世界に住む衆生、諸尊が集会する曼荼羅の楼閣は「所依」つまり衆生を収容する器世間に対応するとされる。そこでツォンカパは、本節の内容を「身体を所依の曼荼羅として修習する」と解釈したが、ツォンカパも指摘したように[33]、楼閣の各部分と身体の肢分の対応関係は詳説されていない。『安立次第論』の成立時点では、曼荼羅の楼閣と人体の対応理論は、いまだ未発達だったのではないかと推定される。

つぎの2-2「能依の曼荼羅として修習する因と果を説く」は、「このように生じた自身の曼荼羅に、蘊・界・処の自性として布置された尊格の因と果が説かれた」evaṃ bhūte svakāyamaṇḍale skandhadhātvāyatanasvabhāvena vinyasta-devatānāṃ kāryakāraṇabhāvam āha//という一節ではじまる。

拙著『インドにおける曼荼羅の成立と発展』[34]で詳細に論じたように、『秘密集会』系の曼荼羅理論は、諸尊を「蘊・界・処」skandhadhātvāyatanaに配当することを特徴としている。仏教において「蘊・界・処」は通常、アビダルマのカテゴリーである五蘊・十八界・十二処を指すが、『秘密集会』の解釈学派以後、これを五蘊・四界（四大）・十二処と解して、『秘密集会』曼荼羅の尊格群と関係づけるようになった。本文献における「蘊・界・処」の言及は、同じ『秘密集会』聖者流の『行合集灯』*Caryāmelāpakapradīpa*[35]と並んで、もっとも古い用例の一つとして注目に値する。

これ以後本文献では、ツォンカパの分科どおりに（1）五仏・（2）四仏母・（3）八大菩薩・（4）五金剛女・（5）十忿怒の順に、『秘密集会』聖者流の阿閦金剛曼荼羅を構成する三十二尊が、どのような教理概念に配当されるかが説かれる。これらの配当は、『秘密集会』の註釈として、唯一Skt.原典が現存す

33. ツォンカパは、曼荼羅の楼閣と身体の対応関係については、『秘密集会』系の釈タントラである『金剛鬘』を参照するように説いている。（北村・ツルティム 2000, 98-99）

34. 田中 2010, 311-315.

35. 田中 2010, 313を参照。

るチャンドラキールティの『灯作明』*Pradīpoddyotana*に引用される釈タントラ『金剛鬘』*Vajramālā*[36]など、聖者流の他のテキストとも一致している。[37]

またこれに伴って、『秘密集会』の根本タントラや聖者流の基本典籍『ピンディークラマ』*Piṇḍīkrama*などから、いくつかの偈が教証として引用されている。しかしそれらのほとんどは、『秘密集会』の曼荼羅理論の典拠として、著者が『インドにおける曼荼羅の成立と発展』で指摘した偈で占められている。

その中でとくに注目されるのは、五境に五金剛女を配当する典拠として、最初期の母タントラ『サマーヨーガ』の第２章第21偈を、『サンヴァラ』の名で引用することである。『サマーヨーガ』を『サンヴァラ』として引用するのは、シャーンタラクシタに帰せられる*Tattvasiddhi*、インドラブーティの*Jñāna-siddhi*、ヴィラーサヴァジュラの*Nāmamantrārthāvalokinī*、『安立次第論』と同じNāgabodhi/Nāgabuddhiに帰せられる*Viṃśatividhi*[38]、アーリヤデーヴァの『行合集灯』*Caryāmelāpakapradīpa*、チャンドラキールティの『灯作明』*Pradīpoddyotana*などで、８世紀後半から９世紀初頭に成立した中後期密教のテキストの特徴である。[39]これは、『安立次第論』の成立の古さを裏付けるものといえる。

---

36. Chakravarti 1984, 14-17.

37. 聖者流三十二尊の教理概念への配当に関しては、田中 2010, 312の表１を参照。

38. 田中 2010, 579を参照。

39. 年代比定が比較的容易なシャーンタラクシタ、ヴィラーサヴァジュラの活躍年代から推定した。なお*Tattvasiddhi*については、シャーンタラクシタの作ではないという意見もあるが、近年の欧米では、*Tattvasaṃgraha*の著者と同一人の作とする説が有力となっている。

このように『安立次第論』第2章は、楼閣と身体各部の対応関係と、「蘊・界・処」説に基づいて、尊格と行者の身心が対応することを論じ、これを身体曼荼羅kāyamaṇḍalaと呼んだことが分かる。しかし後に成立したサンヴァラの身体曼荼羅[40]が、布置箇所と構成要素（界）の両面から、曼荼羅の諸尊と身体各部の詳細な対応関係を設定したのとは異なり、アビダルマのカテゴリーに改変を加えた「蘊・界・処」説以外には、具体的な対応関係を詳説していないことが分かる。これは『安立次第論』が、後期密教の発展史上では初期に属することを示すものといえよう。

なお本章の構成と他文献との引用・参照関係については、一々言及すると煩瑣になるため表2を制作した。あわせて参照されたい。

(5)第3章の内容

ツォンカパの『安立次第論註釈』によれば、第3章は、3-1「出生曼荼羅自体」phyuṅ ba'i dkyil 'khor dṅos、3-2「出生の所依の曼荼羅を教証によって説明する」phyuṅ ba'i rten gyi dkyil 'khor luṅ gis bsgrub pa、3-3「質疑による疑惑の断滅」dris lan gyis dogs ba bcad paの3節に分けられる。

このうち3-1「出生曼荼羅自体」は、さらに3-1-1「身曼荼羅より出生曼荼羅を生起させる方法」sku'i dkyil 'khor las phyuṅ ba'i dkyil 'khor bskyed tshulと、3-1-2「出生真言の意味の説明」'byin pa'i sṅags kyi don bśad pa、3-1-3「出生した本尊が事業をなした後、自らの座位に就く」phyuṅ ba'i lhas phrin las

40. サンヴァラの身体曼荼羅に関しては、田中 1997, 125-134を参照。なお杉木恒彦氏は、杉木 2007, 91の表2-3において、著者のサンヴァラの身体曼荼羅の表に若干の修正を加えている。

表3 『安立次第論』第3章の構成と引用・参照文献

ツォンカパによる分科				写本	北京版	丹珠爾	引用・参照文献
3-1. 出生曼荼羅自体 phyuṅ ba'i dkyil 'khor dṅos				24a9	9-4-8	349-7	
3-1-1. 身曼荼羅より出生曼荼羅を生起させる方法				24a9	9-4-8	349-7	
3-1-2. 出生真言の意味の説明				24b2	9-5-3	349-14	
	五仏		Vajradhṛk	24b2	9-5-3	349-15	Pradīpoddyotana 23-13
			Jinajik	4b3	9-5-4	349-18	Pradīpoddyotana 23-25
			Ratnadhṛk	24b3	9-5-4	349-19	Pradīpoddyotana 24-5
			Ārolik	24b3	9-5-5	350-1	Pradīpoddyotana 24-16
			Prajñādhṛk	24b4	9-5-5	350-2	Pradīpoddyotana 24-25
	四仏母		Moharati	24b4	9-5-6	350-3	
			Dveṣarati	24b4	9-5-6	350-4	Pradīpoddyotana 25-9
			Rāgarati	24b4	9-5-6	350-5	Pradīpoddyotana 25-16
			Vajrarati	24b5	9-5-7	350-6	Pradīpoddyotana 25-27
	八大菩薩			24b5	9-5-7	350-7	
	五金剛女			24b7	10-1-2	350-16	
	十忿怒		Yamāntakṛt	24b7	10-1-4	350-19	Pradīpoddyotana 26-7
			Prajñāntakṛt	24b7	10-1-4	350-21	Pradīpoddyotana 26-14
			Padmāntakṛt	24b8	10-1-5	351-1	
			Vighnāntakṛt	24b8	10-1-5	351-2	Pradīpoddyotana 26-28
	六忿怒			24b8	10-1-6	351-4	
3-1-3. 出生した本尊が事業をなした後、自らの座位に就く				25a3	10-2-1	351-13	
3-1-4. それらの標織と身色等				25a4	10-2-3	351-20	
3-2. 出生の所依の曼荼羅を教証によって説明する phyuṅ ba'i rten gyi dkyil 'khor luṅ gis bsgrub pa				25a5	10-2-5	352-4	Guhyasamāja I
3-3. 質疑による疑惑の断滅 dris lan gyis dogs pa bcad pa							
3-3-1. 四印によって本尊の身を 摂印することに関する質疑		質問		25a6	10-2-7	352-10	
		答説		25a6	10-2-8	352-11	
3-3-2. 『秘密集会』の諸尊は 三面であると説かれることに 関する質疑		質問		25a7	10-3-1	352-15	
		答説		25a8	10-3-2	352-17	
		教証	第1偈	25a8	10-3-3	352-19	Sandhyāvyākaraṇa
			第2偈	25a8	10-3-3	352-20	Sandhyāvyākaraṇa
			第3偈	25a9	10-3-4	353-1	Sandhyāvyākaraṇa
			第4偈	25a9	10-3-5	353-3	Sandhyāvyākaraṇa
			第5偈	25b1	10-3-5	353-5	Sandhyāvyākaraṇa
			第6偈	25b1	10-3-6	353-7	Sandhyāvyākaraṇa
			第7偈	25b2	10-3-7	353-9	Sandhyāvyākaraṇa
			第8偈	25b2	10-3-8	353-11	Sandhyāvyākaraṇa
			第9偈	25b2	10-3-8	353-13	Sandhyāvyākaraṇa
			第10偈	25b3	10-4-1	353-15	Sandhyāvyākaraṇa
3-3-3. 曼荼羅の尊数が一致しない ことに関する質疑		質問		25b3	10-4-2	353-18	
		理証		25b4	10-4-2	353-21	
		教証	第1偈	25b6	10-4-6	354-7	Vajramālā
			第2偈	25b7	10-4-6	354-9	Vajramālā
			第3偈	25b7	10-4-7	354-11	Vajramālā
			第4偈	25b8	10-4-7	354-13	Vajramālā
			第5偈	25b8	10-4-8	354-14	Vajramālā
			第6偈	25b8	10-5-1	354-16	Vajramālā
			第7偈	25b9	10-5-2	354-18	Vajramālā
			第8偈	25b9	10-5-2	354-20	Vajramālā
			第9偈	26a1	10-5-3	354-21	Vajramālā
			第10偈	26a1	10-5-4	355-3	Vajramālā
			第11偈	26a2	10-5-5	355-4	Vajramālā
			第12偈	26a2	10-5-5	355-6	Vajramālā
			第13偈	26a2	10-5-6	355-8	Vajramālā
			第14偈	26a3	10-5-7	355-10	Vajramālā
			第15偈	26a3	10-5-8	355-12	Vajramālā
			第16偈	26a4	10-5-8	355-14	Vajramālā
			第17偈	26a4	11-1-1	355-16	Vajramālā
			第18偈	26a5	11-1-2	355-18	Vajramālā
			第19偈	26a5	11-1-2	355-19	Vajramālā
			第20偈	26a6	11-1-3	355-21	Vajramālā
3-3-4. 成就者の身体に 本尊を布置することに 関する質疑		質問		26a6	11-1-4	356-2	
		答説		26a7	11-1-5	356-5	
			痰壺の喩	26a7	11-1-5	356-5	
			教証1	26a8	11-1-7	356-11	Bodhicaryāvatāra 1-10
			教証2	26a9	11-1-8	356-13	Kāśyapaparivarta §73
			教証3	26b1	11-2-2	356-18	Sandhyāvyākaraṇa, 3-22〜24
章題				26b2	11-2-5	357-4	

mdzad nas raṅ gnas su 'khod pa、3-1-4「それらの標幟と身色等の説示」de dag phyag mtshan daṅ sku mdog la sogs pa bstan paに分科される。

このうち3-1-1「身曼荼羅より出生曼荼羅を生起させる方法」は、写本でわずか２行ほどであるのに対して3-1-2「出生真言の意味の説明」は、写本でも６行を占めている。

『秘密集会』聖者流では、『秘密集会』「第一分」所説の根本十三尊に、大幅な増広をほどこした三十二尊曼荼羅を使用する。（p.77　図参照）このうち『安立次第論』3-1-2に説かれる三十二尊の出生真言のうち、「第一分」所説の根本十三尊の出生真言の解釈は、同じ聖者流に属するチャンドラキールティの『灯作明』*Pradīpoddyotana*「第一分の釈」に、ほぼ同文を見いだすことができる。ところが『灯作明』では、『安立次第論』と同じ解釈は、すべて未了義neyārthaとされている。[41]すでに松長有慶博士が指摘したように、『灯作明』は「七飾」saptālaṅkāraと呼ばれる解釈方法を採用しており、このうち未了義は、第三飾の六辺の①に相当する。[42]

(4)で見たように、『安立次第論』と『灯作明』は、ともに最初期の母タントラである『サマーヨーガ』*Sarvabuddhasamāyoga*を『サンヴァラ』*Saṃvara*として引用しており、８世紀後半から９世紀初頭にかけて成立したと推定されている。しかしNāgabodhi/Nāgabuddhiに帰せられる『安立次第論』、*Viṃśatividhi*と『灯作明』の間には、相互に著者の名前を挙げての引用が見当たらないため、どちらが先に成立したのか明確ではなかった。

ところがチャンドラキールティは、『安立次第論』に見られる根本十三尊の出生真言の解釈を出典を明示せずに紹介しながら、これを未了義として事実上、

41. 詳しくは表３の引用・参照文献の欄を参照。

42. 松長 1980, 280, 284.

表 4　三写本の対応関係

内容			Ms.Ga.	Ms.K.	Ms.Gb.	北京版	丹珠爾
3-1-3.出生した本尊が事業をなした後、自らの座位に就く			25a3	34a7	26b3	10-2-1	351-13
3-1-4.それらの標幟と身色等			25a4	34a8	26b5	10-2-3	351-20
3-2.出生の所依の曼荼羅を教証によって説明する			25a5	欠	欠	10-2-5	352-4
3-3-1.四印によって本尊の身を捺印することに関する質疑		質問	25a6	34a9	27a2	10-2-7	352-10
		答説	25a6	34a9	27a3	10-2-8	352-11
3-3-2.『秘密集会』の諸尊は三面であると説かれることに関する質疑		質問	25a7	46a1	27a4	10-3-1	352-15
		答説	25a8	46a1	27a5	10-3-2	352-17
	教証	第1偈	25a8	46a2	27a5	10-3-3	352-19
		第2偈	25a8	46a2	27b1	10-3-3	352-20
		第3偈	25a9	46a2	27b2	10-3-4	353-1
		第4偈	25a9	46a3	27b2	10-3-5	353-3
		第5偈	25b1	46a3	27b3	10-3-5	353-5
		第6偈	25b1	46a4	27b4	10-3-6	353-7
		第7偈	25b2	46a4	27b5	10-3-7	353-9
		第8偈	25b2	46a4	27b5	10-3-8	353-11
		第9偈	25b2	46a5	28a1	10-3-8	353-13
		第10偈	25b3	46a5	28a2	10-4-1	353-15
3-3-3.曼荼羅の尊数が一致しないことに関する質疑		質問	25b3	46a6	28a3	10-4-2	353-18
	理証	答説	25b4	46a6	28a4	10-4-2	353-21
	教証	第1偈	25b6	45b1	28b2	10-4-6	354-7
		第2偈	25b7	45b1	28b3	10-4-6	354-9
		第3偈	25b7	45b2	28b4	10-4-7	354-11
		第4偈	25b8	45b2	28b5	10-4-7	354-13
		第5偈	25b8	45b2	28b5	10-4-8	354-14
		第6偈	25b8	45b3	29a1	10-5-1	354-16
		第7偈	25b9	45b3	29a2	10-5-2	354-18
		第8偈	25b9	45b4	29a2	10-5-2	354-20
		第9偈	26a1	45b4	29a3	10-5-3	354-21
		第10偈	26a1	45b4	29a4	10-5-4	355-3
		第11偈	26a2	45b5	29a5	10-5-5	355-4
		第12偈	26a2	45b5	29a5	10-5-5	355-6
		第13偈	26a2	45b5	29b1	10-5-6	355-8
		第14偈	26a3	45b6	29b2	10-5-7	355-10
		第15偈	26a3	45b6	29b3	10-5-8	355-12
		第16偈	26a4	45b6	29b3	10-5-8	355-14
		第17偈	26a4	45b7	29b4	11-1-1	355-16
		第18偈	26a5	45b7	29b5	11-1-2	355-18
		第19偈	26a5	45b7	30a1	11-1-2	355-19
		第20偈	26a6	45b8	30a1	11-1-3	355-21

斥けている。これはチャンドラキールティが、Nāgabodhi/Nāgabuddhiよりも後代の人物であり、『安立次第論』を知っていたことを示唆するものである。これは『秘密集会』聖者流の基本文献の成立の前後を考える上でも、重要な知見といえよう。

つぎの3-1-3「出生した本尊が事業をなした後、自らの座位に就く」と3-1-4「それらの標幟と身色等の説示」、3-2.の全文と、3-3.に4つのトピックがあるうちの3-3-1「四印によって本尊の身を捺印することに関する質疑」phyag rgya bźis lha'i sku rgyas gdab pa la dris lan gyis dogs pa bcad paと、3-3-2「『秘密集会』の諸尊は三面であると説かれることに関する質疑」'dus pa'i lha rnams źal gsum par bśad pa la dris lan gyis dogs pa bcad pa、3-3-3「曼荼羅の尊数が一致しないことに関する質疑」dkyil 'khor gyi lha graṅs mi mthun pa la dris lan gyis dogs pa bcad paまでは、前述の*Vajrācāryanayottama*にほぼ全文が引用されている。そこで同書のカトマンドゥ写本とゲッチンゲン写本を、参照することができる。

まず3-1-3「出生した本尊が事業をなした後、自らの座位に就く」では、『秘密集会』曼荼羅の諸尊は、すべて三面六臂であり、衆生の煩悩を浄めた後、曼荼羅の所定の座位に就く。

つぎの3-1-4「それらの標幟と身色等の説示」では、諸尊は6本の手に金剛・輪・宝珠・蓮華・剣・鈴を持つが、これらは六如来、すなわち『秘密集会』の五仏に金剛薩埵を加えた6尊の三昧耶形である。これはNāgabodhi/Nāgabuddhiの時代に、後期密教の六仏説が、すでに成立していたことを示している。また息災・増益等の区別によって、五仏は五種の身色をもつとされている。

3-2「出生の所依の曼荼羅を教証によって説明する」では、『秘密集会タントラ』「第一分」を引用して出生の曼荼羅utsargamaṇḍalaの教証とする。なお出生の所依の曼荼羅とは、妃の女性器に放出された菩提心、つまり精液が曼荼羅の諸尊＝能依となるのに対し、女性器bhagaが所依、すなわち曼荼羅の楼閣に転変すると観想するものである。なおこの一節は、*Vajrācāryanayottama*では省略されているが、Ms.Gaと『秘密集会タントラ』のSkt.校訂テキスト[43]から復元することができる。

3-3「質疑による疑惑の断滅」は、25aから26bまでにまたがっており、さらに3-3-1「四印によって本尊の身を捺印することに関する質疑」phyag rgya bźis lha'i sku rgyas gdab pa la dris lan gyis dogs pa bcad pa、3-3-2「『秘密集会』の諸尊は三面として説いたことに関する質疑」'dus pa'i lha rnams źal gsum par bśad pa la dris lan gyis dogs pa bcad pa、3-3-3「曼荼羅の尊数が一致しないことに関する質疑」dkyil 'khor gyi lha graṅs mi mthun pa la dris lan gyis dogs pa bcad pa、3-3-4「成就者の身体に本尊を布置することに関する質疑」sgrub pa po'i lus la lha bkod pa la dris lan gyis dogs pa bcad paの四つに分けられる。

3-3-1「四印によって本尊の身を捺印することに関する質疑」

後期密教に先行する『初会金剛頂経』系の瑜伽タントラでは、尊格を成就する行者は、大・三・法・羯の四印を結んで、尊格との一体化を実現しなければならなかった。これに対して『秘密集会タントラ』には四印の説示がなく、どのようにして本尊と一体化するのかという問いが提示される。

これに対して『秘密集会』では、（三十二相八十種好を備えた）本尊の身が大印であり、妃（＝四仏母）が三昧耶印、真言の文字が法印、種々の姿によって衆生の利益をはかることが羯磨印であると説かれている。

3-3-2「『秘密集会』の諸尊は三面として説いたことに関する質疑」

『秘密集会』曼荼羅の諸尊は、聖者流・ジュニャーナパーダ流ともに、すべ

---

43. 松長 1978. 5, 8-12.

て三面六臂となる（p.2　写真参照）が、ここではその理由が問われる。インド後期密教では、曼荼羅の主尊は多面広臂の密教仏となることが多い。『秘密集会』曼荼羅の主尊、阿閦金剛や文殊金剛はともに三面六臂であるが、ヘーヴァジュラは八面一六臂、チャクラサンヴァラは三面六臂あるいは四面一二臂、カーラチャクラは四面二四臂となる。

しかし後期密教に先行する初中期密教では、多面広臂像はヒンドゥー教から取り入れられた護法尊や変化観音、忿怒尊に限られ、如来が多面広臂となることはなかった。そこで「『摂真実』等の両タントラでは、一面と決定している」といわれる。ところが『秘密集会』曼荼羅では、曼荼羅の諸尊は、すべて三面六臂となる。そこで、その理由が問われたのである。

ここで注目されるのは、チベット訳で「『摂真実』等と両タントラでは」de kho na ñid bsdus pa la sogs pa daṅ/ gñi ga'i rgyud las niとなっている箇所が、Skt.では「『摂真実』等の両タントラ」となっていることである。『安立次第論註釈』でも明らかなように、チベットでは従来、『摂真実』等とは『初会金剛頂経』系の瑜伽タントラ、両タントラとは所作と瑜伽の特徴を合わせもつ『大日経』系の行タントラを指すと解釈されてきた。[44]ところがSkt.では、３写本ともtattvasaṃgrahādy ubhayatantraとあり、『摂真実』等と両タントラを並列複合語と解するのには無理がある。いっぽう*Viṃśatividhi*では、Skt.写本が欠けている第一儀軌の第２偈[45]に、所作・行に加えて二種の瑜伽gñi ga'i rnal 'byorタント

---

44. 北村・ツルティム 2000, 115.

45. Sāṅkṛityāyana 1935, 45, No. 302に、シャル寺所蔵の*Viṃśatividhi*の完本が記載されているが、Sāṅkṛtyāyanaは撮影していない。Tucciが撮影した写真がIsIAOに所蔵されているが、イタリア側の事情で利用できなくなっている。

ラへの言及がある。[46] したがってNāgabodhi/Nāgabuddhiのいう両タントラとは『大日経』系の行タントラではなく、『初会金剛頂経』系の瑜伽と後期密教系の大瑜伽の両者であると推定される。このことから本文献が成立したのは、後期密教でも多面広臂像が一般的ではなかった、きわめて初期の段階であることが分かる。

さらにその後、三面の教証として『秘密集会』の釈タントラ『密意解釈タントラ』*Saṃdhyāvyākaraṇa-vyākhyātantra*を10偈にわたって引用するが、すでにツォンカパが『安立次第論註釈』で指摘したように、[47] 現行のチベット訳とは、一部しか一致しない。『密意解釈タントラ』は『秘密集会』根本タントラの「第十二分」までしか解説していないため、釈タントラの中で成立が最も早いと考えられていた。[48] しかしNāgabodhi/Nāgabuddhiの引用と、現行のチベット訳が一致しないという事実は、その成立問題に一石を投じるものといえよう。

3-3-3「曼荼羅の尊数が一致しないことに関する質疑」

『秘密集会』曼荼羅の尊数は、根本タントラ第一分には13尊しか説かれないが、聖者流では阿閦金剛を主尊とする32尊、ジュニャーナパーダ流では文殊金剛を主尊とする19尊となり、流派によって一致しない。

これに対してNāgabodhi/Nāgabuddhiは、根本タントラで曼荼羅の諸尊を完全に説かなかったのは、阿闍梨（の口伝）なくして（勝手に曼荼羅の）儀礼を行ってはならないからであるという。日本密教でも、『大日経』の本文には乱脱があり、阿闍梨の口伝によって正して読まなければならないとされるが、それに類するものといえよう。

---

46. 田中 2005, 185-199.

47. 北村・ツルティム 2000, 116.

48. 松長 1980, 236.

さらにNāgabodhi/Nāgabuddhiは、釈タントラの『金剛鬘』*Vajramālā*には、曼荼羅の諸尊が完全な形で説かれるといい、これを引用している。なお『金剛鬘タントラ』のSkt.写本は、いまだ発見されていないが、同じ聖者流に属するチャンドラキールティの*Pradīpoddyotana*が同一箇所を引用している。[49]しかし両者の引用を比較すると、かなりの語句が相違するばかりでなく、現行の『金剛鬘タントラ』のチベット訳（北京 No.82）にも、対応する偈を見出すことができない。

なお松長有慶博士によって、『金剛鬘』は、聖者流の論書と相互に影響を及ぼしながら成立したことが指摘されている。[50]三十二尊曼荼羅の典拠に関するNāgabodhiの弁明は、『金剛鬘』の宗派的帰属を暗示するものといえよう。

3-3-4「成就者の身体に本尊を布置することに関する質疑」の全体は「質問」と「答説」に分けられる。

このうち「質問」は、「一切の煩悩を捨て去り、十力[四]無畏等の仏功徳を有する仏菩薩を、この凡夫の身体に布置することは不適切ではないのか？」と問う。これは後期密教の生起次第系の行法の根幹をなす、仏菩薩との一体化や布置観に効果があるのかというラジカルな問いとなっている。

これに対して、痰壺は痰で満たされるが、同じ容器が食物の容器となれば食事に供される。さらに（鋳つぶされて）尊像となった場合は供養の対象にすらなるように、凡夫の貪瞋痴にまみれた通常の身体は輪廻の因となるが、（諸法の）自性を遍知すれば一切智の因となるのだから、過失はないと答える。

さらに三種の教証を挙げるが、このうち最初のものは、すでにツォンカパが

---

49. Cakravarti 1984, 27-28.

50. 松長 1980, 288-302.

指摘しているように、*Bodhicaryāvatāra* 1-10とほぼ同文である。[51]もしこれが*Bodhicaryāvatāra*から直接引用したものであれば、『安立次第論』の成立年代の上限を確定する上で重要である。

つぎは『大宝積経』「迦葉品」からの引用である。この一節は、シュテール・ホルシュタインの漢蔵梵合刊テキストの§73に対応するが、[52]ホルシュタインが参照した唯一のサンスクリット写本に欠けている部分なので、原文が参照できる点で貴重である。

最後は『秘密集会』の釈タントラ『密意解釈タントラ』*Sandhyāvyākaraṇa-tantra*「第３章」からの引用である。[53]これも同タントラのサンスクリット原典がいまだ発見されていないため、貴重な引用といえる。

この後、何の結語もなく章題が示され、本章は終結している。

このように3-3-4は、後期密教の修道階梯である二次第の第一、生起次第の根幹をなす仏菩薩との一体化や布置観に、果たして実効があるのかという問題を取り上げている点で重要である。

なお内容の理解に資するため、『安立次第論』第３章のサンスクリット写本とチベット訳、引用文献を対照した表３を作成したので、あわせて参照されたい。

(6)第４章の内容

『安立次第論』は、『秘密集会』聖者流の生起次第の基本文献と見なされているが、その最後を飾る第４章では、「勝義の曼荼羅」と称して、究竟次第系、

---

51. 北村・ツルティム 2000, 130.

52. Staël-Holsten 1926, 109-110.

53. 北京Vol.3, 237-2（rgyud ca 252b）-1; デルゲ版rgyud, ca 170b6-171a1.

とくに『秘密集会』「五次第」の第一とされる金剛念誦次第に関連するトピックが扱われている。

ツォンカパの『安立次第論註釈』では、第４章の内容が、4-1「蘊等を光明に入れる」phuṅ sogs 'od gsal du gźug pa, 4-2「蘊等の最初の四が光明に入った徴」phuṅ sogs daṅ po bźi 'od gsal du gźug pa'i rtags, 4-3「残余が光明に入る次第」lhag ma 'od gsal du 'jug pa'i rim paの３節に分けられ、さらに第１節は、4-1-1「根本タントラによる要約」rtsa rgyud kyis mdor bstan pa, 4-1-2「釈タントラによる広説」bśad rgyud kyis rgyas par bśad paの２段、第３節は4-3-1「プラクリティが因とともに顕現に溶融する」raṅ bźin snaṅ ba la thim pa rgyu daṅ bcas pa, 4-3-2「二つの禅定により真言の義を現前する方法」bsam gtan gñis kyis sṅags don mṅon du byed tshulの２段に分科されている。

まず4-1「蘊等を光明に入れる」は、まず『秘密集会タントラ』「第七分」の第33偈「果を求める者は、三昧耶によって精液を放出し、儀軌の通りに服用すべし。如来の集合体を殺害すれば、最上の悉地を得るであろう」[54]を引いて教証とする。なお同偈は、同じ聖者流の『灯作明』*Pradīpoddyotana*でも、やはり勝義曼荼羅の光明への帰入を説いたものと解釈されている。[55]

これがツォンカパのいう4-1-1「根本タントラによる要約」rtsa rgyud kyis mdor bstan paである。

つづいてこの偈の意味を、釈タントラ『密意解釈』*Sandhyāvyākaraṇa*を引用して解釈し、さらに釈タントラ『金剛鬘』*Vajramālā*を引用して再釈pratinirdeśaする。

---

54. 松長 1978, 23.

55. Chakravarti 1984, 69-70.

表5 『安立次第論』第4章の構成と引用・参照文献

ツォンカパによる分科		写本	北京版	丹珠爾	引用・参照文献
4-1. 蘊等を光明に入れる phuṅ sogs 'od gsal du gźug pa	4-1-1. 根本タントラによる要約 rtsa rgyud kyis mdor bstan pa	26b2	11-2-5	357-6	*Guhyasamāja* VII-33
	4-1-2. 釈タントラによる広説 bśad rgyud kyis rgyas par bśad pa	26b3	11-2-7	357-10	*Sandhyāvyākaraṇa* III
		26b5	11-2-8	357-15	*Vajramālā*
4-2. 蘊等の最初の四が光明に入った徴 phuṅ sogs daṅ po bźi 'od gsal du gźug pa'i rtags	1) 色蘊＝如来部	26b7	11-3-6	358-9	
	2) 受蘊＝宝部	27a1	11-4-2	358-21	
	3) 想蘊＝蓮華部	27a2	11-4-5	359-8	
	4) 行蘊＝羯磨部	27a4	11-4-8	359-16	
4-3. 残余が光明に入る次第 lhag ma 'od gsal du 'jug pa'i rim pa	4-3-1. プラクリティが因とともに顕現に溶融する raṅ bźin snaṅ ba la thim pa rgyu daṅ bcas pa	27a6	11-5-3	360-2	
	4-3-2. 二つの禅定により真言の義を現前する方法 bsam gtan gñis kyis sṅags don mṅon du byed tshul	27a7	11-5-4	360-4	
	4-3-2-1. 直接の意味 dṅos kyi don	27a7	11-5-4	360-4	
	4-3-2-2. 真言の義を教証によって説く sṅags don luṅ gis bśad pa	27a8 27a10	11-5-5 11-5-8	360-7 360-16	*Sandhyāvyākaraṇa* III *Pañcakrama* I-49～50

なお『密意解釈』は『秘密集会』の「第十二分」までを釈しているが、この引用箇所は「第七分」ではなく「第三分」の釈に含まれている。いっぽう『金剛鬘』のサンスクリット写本も現存しないが、この部分は、同じ聖者流の『成就法略集』*Piṇḍīkrama*の第39偈から44偈[56]として引用されているので、原文を比較することができる。

ツォンカパによれば、「三昧耶によって精液を放出し」とは父母の性行為によって生じた胎児が五蘊・四界・十二処を備える衆生として成長し、「儀軌の通りに服用すべし」とは、その衆生が死亡時に光明に帰入することを意味する。さらに「如来の集合体を殺害すれば、最上の悉地を得る」とは、「蘊・界・処」に配当される諸尊を光明に帰入させることにより、大印の悉地を得ること

56. Vallée Poussin 1896, 3.

が含意されている。

そして最後に、涅槃・一切空・法身を堅固にするために、『秘密集会』「第三分」所説の空性智慧金剛真言を説いて、終わっている。[57]

以上が、ツォンカパのいう4-1-2「釈タントラによる広説」bśad rgyud kyis rgyas par bśad paに相当する。なお4-1-2の最後に、「安立次第の第三の教示が説かれた」vyavastholitṛtīyopadeśam āhaとあり、本来はここまでが第３章であったとも考えられる。

つぎの4-2「蘊等の最初の四が光明に入った徴」は、五蘊のうち最初の四、すなわち色・受・想・行が光明に入る、つまり死亡時に解体すると、どのような徴候が出現するかが説かれている。著者が後期密教を特徴づける究竟次第の成立史としてまとめた田中 1997で論じたように、『秘密集会』聖者流の究竟次第は、人間の死をシミュレートするヨーガを特徴としている。

そしてここでは、前述の『金剛鬘』の引用箇所に示された配当関係に基づき、色・受・想・行を司る仏部・宝部・蓮華部・羯磨部の諸尊が光明に入ると、どのような徴が現れるかが説かれている。[58]

最後の4-3「残余が光明に入る次第」は、五蘊のうち最後に残った識蘊と、それを司る金剛部の諸尊が光明に帰入する次第を指す。田中 1997で論じたように、『秘密集会』聖者流の死をシミュレートするヨーガでは、意識の解体に伴い「顕明」「顕明増輝」「顕明近得」の三顕現ābhāsatrayaが現れ、これらが80のプラクリティとともに光明prabhāsvaraに解消するのが、自性清浄

57. 松長1978, 11.

58. この部分については田中 1997, 156-157にチベット訳からの拙訳を載せたが、今回提出したサンスクリット原文は参照していない。

prakṛtiprabhāsvaraの本義であるとされた。ツォンカパの4-3-1「プラクリティが因とともに顕現に溶融する」という表現は、まさにこれを指しているが、『安立次第論』は、単に「残余のプラクリティの顕現つまり文殊師利の智慧は、第二次第[59]によって知られる」と述べるのみで、聖者流の究竟次第を特徴づける三顕現と80のプラクリティの理論を詳説していない。

つぎの4-3-2「二つの禅定により真言の義を現前する方法」は、4-3-2-1「直接の意味」dṅos kyi donと4-3-2-2「真言の義を教証によって説く」sṅags don luṅ gis bśad paに分けられる。なお二つの禅定とは、後期密教の究竟次第で重視される聚執piṇḍagrāhaと随滅anubhedaの二つを指す。

4-3-2-2は、さらに質問と答説に分けられる。このうち答説では、前述の空性智慧金剛真言の解釈に関して釈タントラが引用されるが、これはツォンカパが指摘するように『密意解釈』からの引用である。[60]前述の『灯作明』に同一箇所が引用されているので、原文を参照[61]することができるが、語句にはかなりの出入がある。最後に三真実tritattva、すなわちOṃ Āḥ Hūṃの三種字の修習が説かれる。この三種字は単なる文字ではなく、呼吸時の生命気の入と住と出、曼荼羅諸尊の勧請āvāhanaと建立sthāpanaと撥遣visarjanaに対応するとされる。

これは『秘密集会』聖者流の究竟次第の根本典籍『五次第』の金剛念誦次第

---

59. この第二次第をツォンカパは究竟次第と解するが、『五次第』の第二次第、つまり心清浄次第と解釈することもできる。心清浄次第の主要なテーマが、三顕現だからである。

60. 『密意解釈』は、『秘密集会』根本タントラの「第十二分」までを釈しているが、この引用は「第三分」釈の第４偈から第７偈のpāda Bまでに対応する。

61. Chakravarti 1984, p.37.

の内容と一致している。[62] さらに最後は、「急いで、要約して、徐々に、阿闍梨が努力して、弟子の耳許に真言の念誦法を語った」と結んでいる。なお「急いで」tvariteとは諸尊の勧請、「要約して」vibandheとは諸尊の建立、「徐々に」bāṣpeとは諸尊の撥遣について述べたものとされるが、最後のbāṣpeは辞書類にもentryがなく、どうして「徐々に」dal ba yisという意味が生じたのか、検討が必要である。

なお内容の理解に資するため、ツォンカパの分科に基づきサンスクリット写本とチベット訳、引用・参照文献を対照した表5を作成したので、参照されたい。[63]

(7) ローマ字化テキストについて

それでは次章に、ゲッチンゲン写本のデジタルデータと*Vajrācāryanayottama*等に見られる引用やparallel passageから復元された『安立次第論』のサンスクリット原文(頁の左側)を、中国蔵学研究中心 1997所収のチベット訳(頁の右側)と対照させつつ、掲載することにする。

このようなテキストの提示方法については批判もあったが、第3章の一部を除いては、Rāhula Sāṅkṛtyāyana撮影の写真が唯一の資料である本文献の場合、チベット訳は第二のtestimonialとして、かけがえのない価値を有しており、それと同一頁に印刷することで、両者を同時に参照できるメリットは大きいと考えている。

なお*Vajrācāryanayottama*が参照できる3-1-3から3-3-3までは、Ms.Ga、Gb、

---

62. 酒井 1975, 132-133を参照。

63. なお「丹珠爾」の欄には、中国蔵学研究中心 1997のページと行数を表示した。

Kの３写本を対校することができた。そこで三者が異なる場合は、文法的・韻律的に正しい語形、あるいはチベット訳に一致する読みを採用し、異読は註に示したが、他の章節では、現在のところ唯一のサンスクリット写本(Ms.)のみを参照し、これをチベット訳や他文献の引用、parallel passageから補正するという手法を採った。そのため、3-1-3から3-3-3までと他の部分では、テキストの整定方法に差異が生じることになった。

(21b2)は、21葉の裏面２行目であることを示すが、３写本が参照できる部分では、混乱を避けるため、Ms. Kのフォリオと行数[64]を[ ]、Ms. Gbのフォリオと行数は< >に入れて示した。

これらの写本は、東インド系写本の常としてbaとvaの区別が無い。virāmaも欠落[65]することが多いが、注記することなく適宜訂正した。また写本では、sattva, tattvaが常套的にsatva, tatvaとなり、rephaの直後の子音が重複するなど、現在とは異なった正書法が見られる。

3-1-3から3-3-3の間では、３写本に現在の正書法と一致する綴字がある場合はこれを採用したが、３写本すべてが現在とは異なる綴字を示す場合は、そのまま転写した。またs＋s, s＋śの連声は、Ms.KとMs.Gbではḥ＋s, ḥ＋ś、Ms.Gaではs＋s, ś＋śと記されるが、３写本が異なる場合は前者を採用した。ただし写本が一つしかない箇所では、写本の読みを優先した。

---

64. *Vajrācāryanayottama*のカトマンドゥ写本は、フォリオ番号が判読できないため、NGMPPが撮影したマイクロフィルムの齣番号を、フォリオ番号の代わりに用いている。[34a7]は、34齣目の上段に撮影されているフォリオの７行目を意味する。

65. ネパールの古文字学の権威Hemaraj Shakya氏によれば、本文献のようなMaithiliの写本では、virāmaはしばしば欠落するという。

なお田中2005aでは、*Viṃśatividhi*のローマ字化テキストに用いたMs. Kのマイクロフィルムが、写本が残存している箇所では鮮明だったので、底本として用い、Ms. GaとGbの判読できる部分によって補正するという手法を採った。

その後、ゲッチンゲン写本の良好な写真が手に入ったので、今回はMs. Gaを底本とし、田中2005aに見られた誤読や、parallel passageに基づく推定復元（[ ]に入れて示した箇所）を一掃した。またダンダの打ち方の基準も、Ms. KからMs. Gaに変更したため、田中2005aに比して大きな改訂がなされている。

いっぽう代用anusvāraに関しては、３写本が参照できる箇所では正規の綴字を優先したが、他の部分では、唯一の写本の読みを優先させている。

サンスクリットを[ ]でくくった箇所は、写本の欠失や判読不能箇所を、他のテキストに見られる引用やparallel passageから修補した部分である。

いっぽう{ }は、写本に存在する文字や記号が不要であることを示し、書き損じの文字が放置されている場合は{?}、不要な文字が抹消記号parimārjita-saṅketaで筆誅されている場合は{_}とした。

チベット訳は中国蔵学研究中心 1997[66]を底本とし、対応する頁番号を[ ]に入れて示した。チベット訳が写本とは異なったvariant readingsを示唆する場合は、脚注に注記した。ローマ字転写はLibrary of Congress式を用いている。

66. 同書の信頼性について欧米には批判的な意見があるが、デルゲ・北京・ナルタン・チョネの４版を対校した刊本は他になく、現段階では、同書を参照するのが妥当であると考えた。（表では「丹珠爾」と表記）

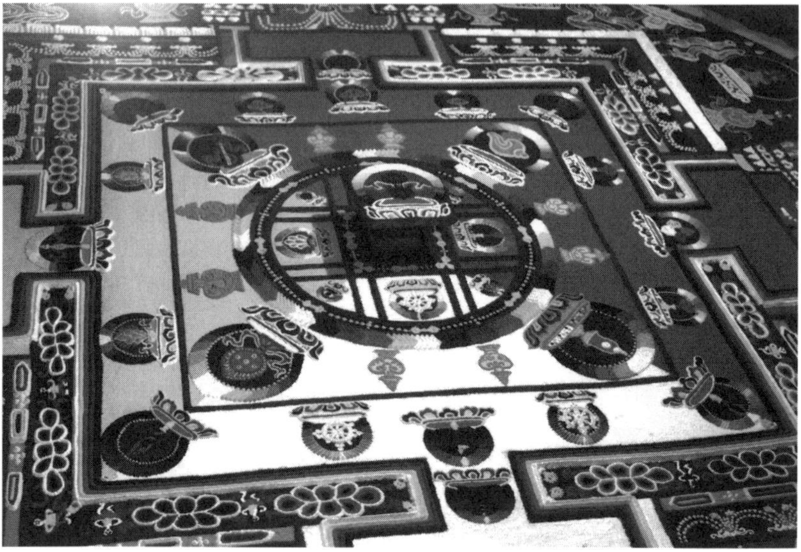

『秘密集会』の砂曼荼羅（青海省ラジャ寺）

Sand Maṇḍala of Guhyasamāja-Akṣobhya (Rwa-rgya monastery)

Introduction

(1) The Earlier Studies

I have for some years been studying the *Śrī-guhyasamāja-maṇḍalopāyikā-viṃśati-vidhi* (Peking no. 2675; hereafter: *Viṃśatividhi*) attributed to Nāgabodhi/Nāgabuddhi of the Ārya school of interpretation of the *Guhyasamāja-tantra*, mainly on the basis of the *Vajrācāryanayottama*,[1] a Sanskrit manuscript discovered in Kathmandu, the microfilm of which (NGMPP reel no. E920/12) was photographed by the Nepal German Manuscript Preservation Project (NGMPP). A series of my textual studies on the *Viṃśatividhi* was published as Part II of Tanaka 2010.[2]

Nāgabodhi/Nāgabuddhi, the author of the *Viṃśatividhi*, has the same name as one of the eight patriarchs of the Japanese Shingon sect, but it is not clear whether they are one and the same person.[3] In many manuscripts his name is given as Nāgabuddhi rather than Nāgabodhi.[4] In Tibet, on the other hand, Klu'i-byaṅ-chub (= Nāgabodhi) and Klu'i-blo (= Nāgabuddhi) were thought to be the same person, and in many cases he is called Klu-byaṅ, an abbreviation of

---

1. On the *Vajrācāryanayottama* see Tanaka 1998. The *Akṣasūtrapratiṣṭhāvidhi* (NGMPP reel no. E1752/3) turns out to be microfilms of the same manuscript, but two and a half folios are missing in the latter.
2. The IsIAO in Rome has photographs of a manuscript of the *Viṃśatividhi* taken by G. Tucci at Źa-lu monastery. However, owing to circumstances in Italy, these are not accessible to the public.
3. According to the Japanese Shingon sect, Nāgabodhi lived for seven hundred years. It is interesting that the legend of Nāgabodhi's longevity was transmitted to Tibet too. However, according to recent studies, there exists a time lag of about one hundred years between the estimated dates of these two figures.
4. The colophon of the Göttingen manuscript has *kṛtir ācāryaNāgabuddhipādānāṃ* (27b2).

Klu'i-byaṅ-chub.[5]

In addition to the *Viṃśatividhi*, there is another important text attributed to Nāgabodhi/Nāgabuddhi, entitled the *'Dus pa'i sgrub pa'i thabs rnam par bźag pa'i rim pa* (Peking no. 2674; hereafter: *Vyavastholi*). Through a comparison of the *Viṃśatividhi*[6] attributed to Nāgabodhi and the *Vyavastholi* attributed to Nāgabuddhi, I discovered that they share the unique category "*ubhaya-tantra / ubhaya-yoga*," which refers to the Yoga tantras starting with the *Sarva-tathāgatatattvasaṃgraha* and the Mahāyoga tantras starting with the *Guhyasamāja-tantra.*[7] This fact suggests that these two texts were composed by the same person.

In contrast to the *Viṃśatividhi,* a practical manual about maṇḍala rites, the *Vyavastholi* explains the philosophical significance of yoga involving the use of the maṇḍala, and considerable importance has been attached to it in Tibetan Buddhism, especially in the dGe-lugs-pa school. In particular, Tsoṅ-kha-pa (1357-1419), who established the systematic interpretation of esoteric Buddhism mainly on the basis of the Ārya school of the *Guhyasamāja*, placed importance in this text and composed a detailed commentary entitled *rNam gźag rim pa'i rnam bśad, dpal gsaṅ ba 'dus pa'i gnad kyi don gsal ba* (Peking no. 6196; hereafter: *rNam bśad*).[8] But in spite of its importance for the study of Indo-Tibetan Buddhism, until recently no Sanskrit manuscript of this work had been discovered.

For some time I had noticed that there is a parallel passage in the *Vyavastholi* and the aforementioned *Vajrācāryanayottama.* Unfortunately, in the

5. A short biography of Nāgabodhi appears in Bu-ston's *dPal gsaṅ ba 'dus pa'i rgyud 'grel gyi bśad thabs kyi yan lag, gsaṅ ba'i sgo 'byed* (The Collected Works of Bu-ston, Part 9 [Ta], New Delhi, 1967, fols. 72-73). Bu ston regards Nāgabodhi and Nāgabuddhi as the same person.

6. The Tibetan translation records the name of the author as Klu'i-byaṅ-chub (= Nāgabodhi).

7. Tanaka 2009, 431-432.

8. On Tsoṅ-kha-pa's *rNam bśad*, see Kitamura and Tshul khrims 2000.

Kathmandu manuscript of the *Vajrācāryanayottama* (Ms.K), fols. 46a and 45b, corresponding to part of the *Vyavastholi*, are damaged, a fact that prevented me from making any further progress in the study of the *Vyavastholi*.

Subsequently another manuscript of the *Vajrācāryanayottama*[9] was discovered among the photographs taken by Rāhula Sāṅkṛtyāyana in Tibet and later acquired by the Niedersächsische Staats- und Universitätsbibliothek, Göttingen (hereafter: Göttingen manuscript). Göttingen University acquired the photographs from the K. P. Jayaswal Institute in Patna and does not have the actual manuscript in its possession. However, in the catalogue of the Göttingen collection published by Göttingen University many esoteric Buddhist manuscripts had remained unidentified because the editor was not a specialist in esoteric Buddhism. It was Harunaga Issacson and Toru Tomabechi who identified Sector B[10] of photograph Xc14/30[11] as the *Vajrācāryanayottama*.

Furthermore, a complete manuscript of the *Vyavastholi* was identified in Sector A of photograph Xc14/30 photographed by Rāhula Sāṅkṛtyāyana at the same time as Sector B. However, Sector A (21b-27b), which corresponds to the *Vyavastholi*, is, as noted below, in poor condition. Hence, a considerable part of the manuscript is illegible since the photograph is out of focus.

By comparing the three manuscripts mentioned above, about one-eighth of the full text of the *Vyavastholi* had been restored. I then published the romanized Sanskrit text of 3-1-1 - 3-3-3, corresponding to the citation in the *Vajrācāryanayottama*, in Tanaka 2005a. However, I was unable to present the romanized text of other parts of the *Vyavastholi* since no material was available

9. I purchased the CD-ROM of the Göttingen manuscript in 2002, but it does not include the part corresponding to the *Viṃśatividhi*.

10. XC14/30 consists of several manuscripts. On the sectors and folio numbers of the manuscript, see Tomabechi 2004.

11. Bandurski 1994, 9-126. The provisional title "*Pañcakramādi*" has been attached to the photographs taken by Sāṅkṛtyāyana. If he photographed it in Tibet, there ought to be some entry in Saṅkṛtyayana 1935, 1937 or 1938, but there is no mention of any such manuscript, nor is the place where it was photographed mentioned in Bandurski 1994.

apart from Sector A of Sāṅkṛtyāyana's photograph in poor condition.

As my analysis of the *Vyavastholi* progressed, I discovered that it frequently quotes from the *Abhidharmakośa* and other texts without mentioning its sources, and later tantric texts such as the *Saṃvarodaya-tantra* and *Vajrācaryanayottama* also refer to the *Vyavastholi* without mentioning their source. Parallel passages such as these account for about ninety percent of the illegible part of Chapter 1. I found that if I referred to these parallel passages, a large number of illegible parts could be restored with considerable probability. Thus I presented in Tanaka 2009 the romanized text of Chapter 1, with the restoration of illegible parts from parallel passages found in other texts and a summary of the contents of this chapter.

Then on the occasion of the 12th Seminar of the International Association of Tibetan Studies held in Vancouver in August 2010, I met the Israeli researcher Yael Bentor and exchanged information about the Guhyasamāja cycle. According to Bentor, her digital data of the Göttingen manuscript was not in such poor condition. I accordingly examined the digital data provided by her and discovered that her data was much better than mine.

Both my digital data and Bentor's were scanned from the same dry plates photographed by Sāṅkṛtyāyana. However, unlike microfilms, there exist considerable gray zones in Sāṅkṛtyāyana's dry plates, and it is to be surmised that by adjusting the threshold values for black and white a considerable number of letters in the illegible part become readable.[12]

Since 2011, by referring to the digital data provided by Bentor, I have published the romanized text of the remaining parts of the *Vyavastholi* and surveyed the contents of the text. My series of studies on the *Vyavastholi*, based on the manuscript photographed by Sāṅkṛtyāyana, was more or less brought to completion in Tanaka 2013.

---

12. Toru Tomabechi, who examined another text included in XC14/30, also considers the condition of the photographs to be poor. Bentor's digital data may be a later version produced after Göttingen University corrected the focus, exposure, and so on.

However, Tanaka 2005a and 2009 were both based on unclear photographs and contained many problems, including blanks indicating illegible passages and mistranscriptions of letters, and although I felt the need to revise them, I did not have any opportunity to do so. Then, having received financial support from the Japan Society for the Promotion of Science in 2015, I started to revise my previously published articles with a view to bringing them together as a monograph with an introduction in English and a bibliography.

The Sanskrit title of this work is, according to the Tibetan translation, *Samājasādhana-vyavasthole*. In the Göttingen manuscript, on the other hand, *Vyavastholi* appears at the beginning of the text and at the end of each chapter. Furthermore, *vyastholyām* (loc. sg.) appears in Muniśrībhadra's *Pañcakrama-ṭippaṇī* when it refers to this work, and Jiang and Tomabechi have emended this to *vyavasthālyām* (loc. sg.).[13] Thus, the original Sanskrit title of this work requires further consideration.

(2) Condition of the Manuscript

Next, I would like to describe the condition of the manuscript in accordance with the arrangement of the chapters of the *Vyavastholi*. On the correspondences between the dry plates photographed by Rāhula Sāṅkṛtyāyana and the folios of the manuscript, reference should be made to the accompanying tables on pp. 73-76.

Chapter 1[14] corresponds to 21b2-23b4 of Sector A of the Göttingen manuscript. To save dry plates, which were highly valued in Tibet at that time, Sāṅkṛtyāyana tacked down nine palm leaves on a board, and after having taken a photograph, he would turn over all the leaves and take another photograph. However, the third plate, corresponding to 15a-23a is in poor condition. In

13. Jiang and Tomabechi 1996, 14.

14. In the Sanskrit manuscript, the chapter title *dvitīyaparicchedaḥ* (chapter 2) occurs at the end of Chapter 1. The chapter title *prathamaḥ paricchedaḥ* (chapter 1) is written in the margin of 22a, but the insertion point is unclear.

particular, 22a is almost illegible, and in the left half of the folio the contours of the characters are barely traceable. As well, 23a is out of focus in the right half and is very difficult to decipher. With the new digital data provided by Yael Bentor, the situation improved somewhat, but even so 22a and 23a are still difficult to decipher. However, Chapter 1 includes many parallel passages with other works whose Sanskrit texts are extant. From these parallel passages we can restore the illegible parts with some degree of accuracy.

Chapter 2 corresponds to 23b4-24a9 of Sector A of the Göttingen manuscript. 23b4 was photographed on the fourth plate while 24a is on the fifth plate. The Göttingen manuscript refers to Chapter 2 as *tṛtīyaḥ paricchedaḥ* (chapter 3) or *tṛtīyopadeśa* (third instruction). The chapter number "3" should in fact be "2."[15]

In Chapter 3, we can refer to three Sanskrit manuscripts from 3-1-3 to 3-3-3 (in Tsoṅ-kha-pa's synopsis) since this part is quoted in the *Vajrācārya-nayottama*. There follows a brief overview of these three manuscripts.

The Kathmandu manuscript is in a private collection in Kathmandu (NGMPP reel no. E920/12). This is the manuscript that I used for the romanized text of the *Viṃśatividhi*. At present, the whereabouts of this manuscript is unknown.[16] On the basis of the handwriting, it can be divided into three groups: A (4 folios), B (19 folios), and C (23 folios). Fols. 34a, 46b and 45a, corresponding to the *Vyavastholi*, belong to Group B, as does the *Viṃśatividhi*. Among these folios, fol. 34a is in good condition, but in fols. 46a and 45b the left edge and right half of the folio are missing. Therefore, only about half of these two folios can be read. (Hereafter referred to as Ms.K.)

In the Göttingen manuscript of the *Vajrācāryanayottama*, the part that

15. See note 14.

16. The NGMPP card records Ginni Sharma as the provider of this manuscript. However, this may be a false name since no staff member of the former NGMPP has any idea of who this might be.

corresponds to the *Vyavastholi* is from 26b3 to 30a2 of Sector B.[17] These are included in plates 18 and 19 of Rāhula Sāṅkṛtyāyana's photographs. In this case, to save dry plates Sāṅkṛtyāyana tacked down twenty palm leaves on a board, and after having taken a photograph of the recto (plate 18), he would turn over all the leaves and take a photograph of the verso (plate 19). In contrast to the aforementioned Sector A, the glyphs are not so obscure since each folio contains only 5-6 lines. (Hereafter referred to as Ms.Gb.)

In Sector A, there exists the sole extant manuscript of the *Vyavastholi*, hitherto used as the base text for the romanized edition (hereafter: Ms.Ga). As is usual with photographs taken by Sāṅkṛtyāyana in Tibet, there exist not a few unclear cuts. This part, plate 6, which includes 25b, is in comparatively good condition. Plate 5, which includes 25a and 26a, is somewhat unclear. However, in this part I was able to decipher the glyphs with the help of Ms.K, Ms.Gb, and other parallel passages.

In the Tibetan translation, this part corresponds to 10-2-1 - 11-1-2 in vol. 62 of the Tibetan Tripiṭaka (Peking Edition, Suzuki Research Foundation, 1960) and to 351-13 - 355-21 in vol. 18 of the bsTan 'gyur (China Tibetology Research Centre 1997).[18]

In Chapter 3, the part quoted in the *Vajrācāryanayottama* corresponds to nearly one-sixth of all four chapters, and it is helpful for correcting the readings of the currently sole extant Sanskrit manuscript. For correpondences between the above three manuscripts and the Tibetan translation, reference should be made to Table 4. The Göttingen manuscript refers to Chapter 3 as *caturthaḥ paricchedaḥ* (chapter 4), but the chapter number "4" should in fact be "3."[19]

17. For the sector divisions and folio numbers of Ms.Gb, I have referred to Tomabechi 2004. However, I have changed Tomabechi's "r" (= recto) to "a" and "v" (= verso) to "b."

18. China Tibetology Research Centre (hereafter: CTRC), bsTan 'gyur, vol. 18, 337-363.

19. See note 14.

Chapter 4 corresponds to 26b2-27b2 of Sector A[20] in the Göttingen manuscript. 26b and 27b appear in the sixth plate photographed by Sāṅkṛtyāyana while 27a appears in the fifth plate. Among these, 27a, photographed on the fifth plate, is unclear because of underexposure. But it is not as serious as in 25a and 26a, corresponding to Chapter 1. 26b and 27b, on the other hand, photographed on the sixth plate, are comparatively clear. The manuscript refers to Chapter 4 as *paṃcamavyavastholis* (fifth arrangement). The chapter number "5" should in fact be "4."[21]

(3) Contents of Chapter 1

Next, I would like to describe the contents of Chapter 1 by referring to Tsoṅ-kha-pa's *rNam bśad*. The *rNam bśad* divides the explanation of Chapter 1 into three parts: 1-1. "To practice in accordance with the genesis of the physical world" (*snod kyi srid pa daṅ mthun par bsgom pa*), 1-2. "To practice in accordance with the genesis of sentient beings" (*bcud kyi srid pa'i rim pa daṅ mthun par bsgom pa*), and 1-3. "To decipher the intention of the Buddha who said to practise in conformity with them" (*de dag daṅ bstun nas bsgom par gsuṅs pa'i dgoṅs pa gtan la dbab pa*). However, passages corresponding to only 1-1 and 1-2 are found in the the *Vyavastholi*.

First, 1-1. "To practice in accordance with the genesis of the physical world" means to visualize the process whereby the physical world centred on Mt. Sumeru came into existence from the four elements at the beginning of the aeon. This is somewhat similar to the *dōjōkan* 道場観 of Japanese esoteric Buddhism.

Next, the first half of 1-2. "To practice in accordance with the genesis of sentient beings" is on fol. 22a, which is in the worst condition. After the emergence of the physical world in the preceding visualization, the great Vajradhara, lord of consciousness (*vijñānādhipati*), created sentient beings.

20. XC14/30 consists of several manuscripts. For the division of its sectors, see Tomabechi 2004.

21. See note 14.

There are four kinds of sentient beings: those born from an egg, those born from an embryo, those born from moisture, and those born through incarnation (*upapāduka*). Because this part has a parallel in the commentary on *Abhidharmakośa* 3-8,[22] I was able to restore the Sanskrit text on the basis of this parallel passage and the outlines of the glyphs in the out-of-focus photograph.

There are four continents in the world: Pūrvavideha, Jambudvīpa, Aparagodānīya, and Uttarakuru. It is explained why a bodhisattva in the last earthly state (*caramabhavika*) is definitely born in Jambudvīpa. As has already been pointed by Tsoṅ-kha-pa, there exists a similar passage in Chapter 2 of the *Saṃvarodaya-tantra*, an explanatory tantra on the *Saṃvara-tantra*. They are not completely parallel since the *Vyavastholi* is in prose whereas the *Saṃvarodaya* is in verse. However, their terminology is strikingly similar, and therefore I was able to somehow restore the original text by comparing the unclear photograph of the manuscript, the Tibetan translation, and Tsuda's diplomatic edition of the *Saṃvarodaya*.[23]

At the beginning of the aeon, all sentient beings are incarnated and have various supernatural powers. However, they lose these powers by ingesting solid foods (*kavaḍīkārāhāra*) and, generating sexual organs, start sexual reproduction. Fol. 22a, the most difficult to read, ends at the start of this passage.

However, I was able to restore the full text of fol. 22b, the photograph of which is in comparatively good condition. On this folio, the intermediate state (*antarābhava*), an important factor in cyclic existence, is explained mainly with reference to the *Abhidharmakośa*. It is worth noting that the *Vyavastholi* quotes the passage describing sentient beings in the intermediate state from the *Bhadrapālipariprcchā* (Taishō no. 347):[24] after abandoning one's physical body,

22. Shastri 1971, 401-402.

23. Tsuda 1974, 73-77.

24. This sūtra corresponds to the 39th sūtra of the *Mahāratnakūṭa-sūtra* (Taishō no. 310 (39)) and is also called the *Vijñānasaṃkrānti-sūtra*.

Table 1. Structure of the *Vyavastholi* I

Tsoṅ-kha-pa's synopsis			Ms.	bsTan 'gyur	Quotations and parallel passages
mdor bstan pa			21b2	337-1	
			21b3	337-7	*Piṇḍīkrama* v.19
1-1. snod kyi srid pa daṅ mthun par bsgom pa	1-1-1. snod źig ciṅ stoṅs pa daṅ mthun par bsgom pa	1-1-1-1. mthun yul snod 'jig pa'i rim pa	21b5	338-4	
		1-1-1-2. de daṅ mthun par bsgom pa	21b6	338-9	
	1-1-2. snod chags pa'i rim pa daṅ mthun par bsgom pa	1-1-2-1. 'og gźi'i snod 'chags pa'i rim pa daṅ mthun par bsgom pa	21b6	338-11	
			21b9	338-21	*Piṇḍīkrama* v.19
		1-1-2-2. steṅ gi ri gliṅ sogs kyi snod chags pa'i rim pa daṅ mthun par bsgom pa	21b9	339-2	
1-2. bcud kyi srid pa'i rim pa daṅ mthun par bsgom pa	1-2-1. mdor bstan pa		22a2	339-9	
	1-2-2. rgyas par bśad pa	1-2-2-1. spyir bstan pa	22a2	339-13	
			22a3	339-13	*Abhidharmakośa* II 401-402
		1-2-2-2. mi'i srid pa skye ba'i rim pa ñid daṅ mthun par bsgom pa'i rgyu mtshan	22a5	340-6	
			22a7	340-11	*Saṃvarodayatantra* II
			22a9	340-21	*Asādhāraṇaguhyamahāyoga*
		1-2-2-3. de daṅ mthun par sgom pa'i rim pa ñid bśad pa	22a10	341-7	
			22b3	341-21	*Abhidharmakośa* II 405
			22b5	342-6	*Bhadrapālipariprcchā*
			22b6	342-11	*Abhidharmakośa* v.3-14
			22b10	343-9	*Abhidharmakośa* II 410
			23a4	344-3	*Vajrācāryanayottama*
			23a4	344-5	*Guhyasamāja* I
			23a5	344-8	*Abhidharmakośa* II 433
			23a6	344-14	*Saṃvarodayatantra* II
			23a9	345-4	*Abhidharmakośa* II 433
			23a9	345-7	*Abhidharmakośa* II 427
			23b2	345-13	*Guhyasamāja* I
			23b2	345-16	*Caturdevīpariprcchā*

during the intermediate state one acquires divine awareness, and having seen one's own body as possessing perfectly beautiful limbs and organs, one deems one's remains to be one's former body.[25] This sūtra is also quoted in the *Caryāmelāpakapradīpa* (Peking no. 2668) belonging to the same Ārya school. This would suggest that importance was attached to this sūtra by the Ārya school, which introduced the theory of cyclic existence into tantric Buddhism.[26]

On fol. 23a, also difficult to read, the process whereby a sentient being enters the mother's womb is described. The passage explaining the three necessary conditions of conception is identical with the commentary on *Abhidharmakośa* 3-12.[27] Next, the process whereby the *gandharva* (sentient being in the intermediate state) who witnessed the parents' sexual congress enters the mother's womb in the future is similar to the aforementioned *Vajrācāryanayottama*[28] and *Saṃvarodaya-tantra* II-15ff. The definition of the five stages of the foetus tallies with the 49th sūtra of the *Saṃyukta Āgama* quoted in the commentary on *Abhidharmakośa* 3-18. Moreover, the assignment of the five stages of the foetus to the five Buddhas is similar to *Saṃvarodaya-tantra* II-21ff.[29]

Next, with regard to the location of the foetus in the mother's womb, an identical passage is found in the above 49th sūtra of the *Saṃyukta Āgama* quoted in the *Abhidharmakośa.* Regarding the final topic on fol. 23a, which explains the difference between the male and female foetus in their location in the womb, an identical passage is found in the commentary on *Abhidharmakośa*

25. Taishō vol. 12, 182b; sDe-dge bKa' 'gyur, dKon brtsegs, cha 82a2-3.

26. Tanaka 1997, 198-199.

27. Shastri 1971, 410.

28. This part is related to the *utpannakrama*, and I summarized its contents in Tanaka 2000. However, only some of the romanized text of this part has been previously published.

29. Tsuda 1974, 75-76.

3-15.[30]

Thus, whereas the original Sanskrit text of Chapter 1 of the *Vyavastholi* had been difficult to restore because Sāṅkrtyāyana's photograph was in poor condition, it became possible to restore almost the entire text through reference to other works whose original Sanskrit was already known. As for the direction of the quotations, it would seem reasonable to assume that the *Vyavastholi* quoted the *Abhidharmakośa* and then the *Vyavastholi* was referred to by the authors of the *Saṃvarodaya* and *Vajrācaryanayottama*, which were composed later.

To simplify matters, I have prepared a table that shows the structure of this chapter as well as quotations from and parallel passages with other texts (Table 1).[31]

(4) Contents of Chapter 2

The *rNam bśad* divides the explanation of Chapter 2 into two parts: 2-1. "To visualize one's body as the pavilion of the maṇḍala" (*lus rten gyi dkyil 'khor du bsgom pa*) and 2-2. "To explain the cause and effect of identifying [one's body] with the inhabitants of the maṇḍala" (*brten pa'i dkyil 'khor du sgom pa'i rgyu 'bras bstan pa*). In addition, 2-1 is subdivided into five sections: 2-2-1. "To explain the cause and effect of identifying the five aggregates with the five families" (*phuṅ po la rigs lṅa dgod pa'i rgyu 'bras bstan pa*), 2-2-2. "To explain the cause and effect of identifying the four elements with the four Buddha mothers" (*khams la yum bẑi dgod pa'i rgyu 'bras bstan pa*), 2-2-3. "To explain the cause and effect of identifying the eight (great) bodhisattvas with the (five) sense organs, joints, and tendons" (*dbaṅ po daṅ tshigs daṅ rgyus pa la sems dpa' brgyad dgod pa'i rgyu 'bras bstan pa*), 2-2-4. "To explain the cause and effect of identifying the (five) sense objects with the five adamantine

30. Shastri 1971, 427.

31. "Synopsis by Tsoṅ-kha-pa" is based on the *rNam bśad*. In the column "bsTan 'gyur" I give the page and line numbers in CTRC 1997.

goddesses" (*yul la sems ma lha dgod pa'i rgyu 'bras bstan pa*), and 2-2-5. "To explain the cause and effect of identifying limbs and so on with the ten wrathful deities" (*yan lag rnams la khro bo bcu dgod pa'i rgyu 'bras bstan pa*).

First, 2-1. "To visualize one's body as the pavilion of the maṇḍala" occupies only two lines in the manuscript. First, a *śloka* verse is quoted as textual evidence for the establishment of the body-maṇḍala, but I have not yet been able to identify its source. Next, verse 100 of the "Uttaratantra" of the *Guhyasamāja* is quoted as textual evidence. This verse explains three kinds of maṇḍalas: female organ (*bhaga*), enlightened mind (*bodhicitta*), and body. However, the wording of *pāda* A differs in the *Vyavastholi* and "Uttaratantra."

According to the maṇḍala theory of late tantric Buddhism, the deities of the maṇḍala correspond to inhabitants of the world (*sattvaloka*) while the pavilion of the maṇḍala corresponds to their abode (*bhājanaloka*). Therefore, Tsoṅ-kha-pa interprets the contents of this section as visualizing one's body as the pavilion of the maṇḍala. However, as he points out,[32] the correspondences between the parts of the pavilion and the parts of the body are not explained in detail. I surmise that when the *Vyavastholi* was composed, the correspondences between the maṇḍala pavilion and body were still underdeveloped.

Next, 2-2. "To explain the cause and effect of identifying [one's body] with the inhabitants of the maṇḍala" begins with the following passage: "In one's own body-maṇḍala, generated in this way, the cause and effect of the deities arranged as having the nature of the aggregates, elements, and sense fields were explained" (*evaṃ bhūte svakāyamaṇḍale skandhadhātvāyatanasvabhāvena vinyastadevatānāṃ kāryakāraṇabhāvam aha*).

As I explained in detail in Tanaka 2010,[33] the maṇḍala theory of the

32. Tsoṅ-kha-pa states that reference should be made to the explanatory tantra *Vajra-mālā* regarding correspondences between the body and the pavillion of the maṇḍala (Kitamura and Tshul khrims 2000, 98-99).

33. Tanaka 2010, 311-315.

Table 2. Structure of the *Vyavastholi* II

Tsoṅ-kha-pa's synopsis		Ms.	bsTan 'gyur	Quotations and parallel passages
2-1. lus rten gyi dkyil 'khor du bsgom pa		23b4	346-5	
		23b5	346-8	*Guhyasamāja* XVIII-100
2-2. brten pa'i dkyil 'khor du sgom pa'i rgyu 'bras bstan pa	2-2-1. phuṅ po la rigs lṅa dgod pa'i rgyu 'bras bstan pa	23b6	346-11	
		23b10	346-12	*Guhyasamāja* XVII-50ab
		23b7	346-20	*Guhyasamāja* I-4
	2-2-2. khams la yum bźi dgod pa'i rgyu 'bras bstan pa	23b8	347-2	
		23b8	347-6	*Guhyasamāja* XVII-51
	2-2-3. dbaṅ po daṅ tshigs daṅ rgyus pa la sems dpa' brgyad dgod pa'i rgyu 'bras bstan pa	23b9	347-9	
	2-2-4. yul la sems ma lṅa dgod pa'i rgyu 'bras bstan pa	24a4	348-5	
		24a5	348-8	*Sarvabuddhasamāyoga* 2-21
		24a6	348-12	*Guhyasamāja* XVII-50cd
		24a6	348-13	*Guhyasamāja* VII-14ab
	2-2-5. yan lag rnams la khro bo bcu dgod pa'i rgyu 'bras bstan pa	24a6	348-15	
		24a6	348-16	*Piṇḍīkrama* 66
		24a7	348-17	*Piṇḍīkrama* 67
		24a7	348-19	*Piṇḍīkrama* 68
		24a9	349-3	*Guhyasamāja* XIII-27
		24a9	349-6	

Guhyasamāja cycle is characterized by the *skandhadhātvāyatana* system.

In Buddhism *skandhadhātvāyatana* usually refers to the Abhidharmic categories of five aggregates (*skandha*), eighteen elements (*dhātu*), and twelve sense fields (*āyatana*). However, after the emergence of the schools of interpretation of the *Guhyasamāja*, this term was associated with the deities of the Guhyasamāja-maṇḍala and reinterpreted to mean the five aggregates, four elements (earth, water, fire and wind), and twelve sense fields. The occurrence of the term *skandhadhātvāyatana* in the *Vyavastholi* is noteworthy since it is one of the earliest examples of its use in this meaning, along with the *Caryāmelāpakapradīpa*[34] of the same Ārya school.

Thereafter the text explains the assignment of the thirty-two deities of the Akṣobhya-maṇḍala of the Ārya school to doctrinal categories in the order 1. five Buddhas, 2. four Buddha mothers, 3. eight great bodhisattvas, 4. five

34. See Tanaka 2010, 313.

adamantine goddesses, and 5. ten wrathful deities, as set out in Tsoṅ-kha-pa's synopsis. These assignments[35] tally with other texts belonging to the Ārya school, starting with the explanatory tantra *Vajramālā*[36] quoted in Candrakīrti's *Pradīpoddyotana,* the only commentary on the *Guhyasamāja-tantra* extant in the original Sanskrit.

In addition, several verses are quoted as textual evidence from the root tantra of the *Guhyasamāja*, the *Piṇḍīkrama*, one of the basic scriptures of the Ārya school, and so on. Most of these are works that, as I pointed out in Tanaka 2010, provide the basis of the maṇḍala theory of the *Guhyasamāja*.

Among these quoted verses, it is notable that verse 2-21 of the *Samāyoga-tantra*, the earliest mother tantra, is quoted under the title *Saṃvara* as textual evidence for the assignment of the five adamantine goddesses to the five sense fields. Quoting the *Samāyoga-tantra* as the *Saṃvara* is one of the characteristics of middle and late esoteric Buddhist texts that emerged in the late eighth to early ninth century, such as the *Tattvasiddhi* attributed to Śāntarakṣita, Indrabhūti's *Jñānasiddhi*, Vilāsavajra's *Nāmamantrārthāvalokinī*, the *Viṃśatividhi*[37] attributed to Nāgabodhi/Nāgabuddhi, Āryadeva's *Caryāmelāpakapradīpa*, and Candrakīrti's *Pradīpoddyotana.*[38] These confirm the early date of the *Vyavastholi*.

Thus, Chapter 2 of the *Vyavastholi* explains the correspondences between the pavilion of the maṇḍala and body in 2-1, as well as the correspondences between the deities of the maṇḍala and the practitioner's body and mind on the

35. On the assignment of the thirty-two deities of the Akṣobhya-maṇḍala to doctrinal categories, see Table 1 in Tanaka 2010, 312.

36. Chakravarti 1984, 14-17.

37. See Tanaka 2010, 579.

38. The dates of these works are based on the dates of Śāntarakṣita and Vilāsavajra, whose approximate dates are comparatively clear. Some Japanese scholars have doubted the authenticity of the *Tattvasiddhi*, but many Western scholars consider the *Tattvasiddhi* and *Tattvasaṃgraha* to be the work of the same author.

Table 3. Structure of the *Vyavastholi* III

Tsoṅ-kha-pa's synopsis				Ms.	Peking	bsTan 'gyur	Quotations and parallel passages
3-1. phyuṅ ba'i dkyil 'khor dṅos				24a9	9-4-8	349-7	
	3-1-1. sku'i dkyil 'khor las phyuṅ ba'i dkyil 'khor bskyed tshul			24a9	9-4-8	349-7	
	3-1-2. 'byin pa'i sṅags kyi don bśad pa			24b2	9-5-3	349-14	
		Five Buddhas	Vajradhṛk	24b2	9-5-3	349-15	*Pradīpoddyotana* 23-13
			Jinajik	4b3	9-5-4	349-18	*Pradīpoddyotana* 23-25
			Ratnadhṛk	24b3	9-5-4	349-19	*Pradīpoddyotana* 24-5
			Ārolik	24b3	9-5-5	350-1	*Pradīpoddyotana* 24-16
			Prajñādhṛk	24b4	9-5-5	350-2	*Pradīpoddyotana* 24-25
		Four Buddha mothers	Moharati	24b4	9-5-6	350-3	
			Dveṣarati	24b4	9-5-6	350-4	*Pradīpoddyotana* 25-9
			Rāgarati	24b4	9-5-6	350-5	*Pradīpoddyotana* 25-16
			Vajrarati	24b5	9-5-7	350-6	*Pradīpoddyotana* 25-27
		Eight great bodhisattvas		24b5	9-5-7	350-7	
		Five adamantine goddesses		24b7	10-1-2	350-16	
		Ten wrathful deities	Yamāntakṛt	24b7	10-1-4	350-19	*Pradīpoddyotana* 26-7
			Prajñāntakṛt	24b7	10-1-4	350-21	*Pradīpoddyotana* 26-14
			Padmāntakṛt	24b7	10-1-5	351-1	
			Vighnāntakṛt	24b8	10-1-5	351-2	*Pradīpoddyotana* 26-28
			Remaining six	24b8	10-1-6	351-4	
	3-1-3. phyuṅ ba'i lhas phrin las mdzad nas raṅ gnas su 'khod pa			25a3	10-2-1	351-13	
	3-1-4. de dag gi phyag mtshan da skuṅ mdog la sogs pa bstan pa			25a4	10-2-3	351-20	
3-2. phyuṅ ba'i rten gyi dkyil 'khor luṅ gis bsgrub pa				25a5	10-2-5	352-4	*Guhyasamāja* I
3-3. dris lan gyis dogs pa bcad pa							
	3-3-1. phyag rgya bźis lha'i sku rgyas gdab pa la dris lan gyis dogs pa bcad pa		dris	25a6	10-2-7	352-10	
			lan	25a6	10-2-8	352-11	
	3-3-2. 'dus pa'i lha rnams źal gsum par bśad pa la dris lan gyis dogs pa bcad pa		dris	25a7	10-3-1	352-15	
			lan	25a8	10-3-2	352-17	
		texual evidence	verse 1	25a8	10-3-3	352-19	*Sandhyāvyākaraṇa*
			verse 2	25a8	10-3-3	352-20	*Sandhyāvyākaraṇa*
			verse 3	25a9	10-3-4	353-1	*Sandhyāvyākaraṇa*
			verse 4	25a9	10-3-5	353-3	*Sandhyāvyākaraṇa*
			verse 5	25b1	10-3-5	353-5	*Sandhyāvyākaraṇa*
			verse 6	25b1	10-3-6	353-7	*Sandhyāvyākaraṇa*
			verse 7	25b2	10-3-7	353-9	*Sandhyāvyākaraṇa*
			verse 8	25b2	10-3-8	353-11	*Sandhyāvyākaraṇa*
			verse 9	25b2	10-3-8	353-13	*Sandhyāvyākaraṇa*
			verse 10	25b3	10-4-1	353-15	*Sandhyāvyākaraṇa*
	3-3-3. dkyil 'khor gyi lha graṅs mi mthun pa la dris lan gyis dogs pa bcad pa		dris	25b3	10-4-2	353-18	
		reason	lan	25b4	10-4-2	353-21	
		textual evidence	verse 1	25b6	10-4-6	354-7	*Vajramālā*
			verse 2	25b7	10-4-6	354-9	*Vajramālā*
			verse 3	25b7	10-4-7	354-11	*Vajramālā*
			verse 4	25b8	10-4-7	354-13	*Vajramālā*
			verse 5	25b8	10-4-8	354-14	*Vajramālā*
			verse 6	25b8	10-5-1	354-16	*Vajramālā*
			verse 7	25b9	10-5-2	354-18	*Vajramālā*
			verse 8	25b9	10-5-2	354-20	*Vajramālā*
			verse 9	26a1	10-5-3	354-21	*Vajramālā*
			verse 10	26a1	10-5-4	355-3	*Vajramālā*
			verse 11	26a2	10-5-5	355-4	*Vajramālā*
			verse 12	26a2	10-5-5	355-6	*Vajramālā*
			verse 13	26a2	10-5-6	355-8	*Vajramālā*
			verse 14	26a3	10-5-7	355-10	*Vajramālā*
			verse 15	26a3	10-5-8	355-12	*Vajramālā*
			verse 16	26a4	10-5-8	355-14	*Vajramālā*
			verse 17	26a4	11-1-1	355-16	*Vajramālā*
			verse 18	26a5	11-1-2	355-18	*Vajramālā*
			verse 19	26a5	11-1-2	355-19	*Vajramālā*
			verse 20	26a6	11-1-3	355-21	*Vajramālā*
	3-3-4. sgrub pa po'i lus la lha bkod pa la dris lan gyis dogs pa bcad pa	dris		26a6	11-1-4	356-2	
		lan		26a7	11-1-5	356-5	
			metaphor of spitoon	26a7	11-1-5	356-5	
			textual evidence 1	26a8	11-1-7	356-11	*Bodhicaryāvatāra* 1-10
			textual evidence 2	26a9	11-1-8	356-13	*Kāśyapaparivarta* §73
			textual evidence 3	26b1	11-2-2	356-18	*Sandhyāvyākaraṇa*, 3-22～24
Chapter title				26b2	11-2-5	357-4	

basis of the *skandhadhātvāyatana* theory in 2-2. This is called the "body-maṇḍala" (*kāyamaṇḍala*) in this text. However, in contrast to the body-maṇḍala of the later Saṃvara cycle,[39] which sets out in detail the correspondences between the deities and the parts of the body in terms of both location and elements, the *Vyavastholi* does not explain the correspondences in detail except for the aforementioned *skandhadhātvāyatana*, a modification of Abhidharmic categories. This would suggest that the *Vyavastholi* belongs to an early stage in the development of late tantric Buddhism.

To simplify matters, I have prepared a table that shows the structure of this chapter as well as quotations from and parallels with other texts (Table 2).

(5) Contents of Chapter 3

Tsoṅ-kha-pa's *rNam bśad* divides the explanation of Chapter 3 into three parts: 3-1. "Generated maṇḍala itself" (*phyuṅ ba'i dkyil 'khor dṅos*), 3-2. "Establishing the generated maṇḍala as the abode [of the deities] with textual evidence" (*phyuṅ ba'i rten gyi dkyil 'khor luṅ gis bsgrub pa*), and 3-3. "Elimination of doubts by questions and answers" (*dris lan gyis dogs pa bcad pa*).

First, 3-1. "Generated maṇḍala itself" is subdivided into 3-1-1. "How to create the generated maṇḍala from the body maṇḍala" (*sku'i dkyil 'khor las phyuṅ ba'i dkyil 'khor bskyed tshul*), 3-1-2. "The explanation of the meaning of the mantras that generate [deities]" (*'byin pa'i sṅags kyi don bśad pa*), 3-1-3. "Generated deity takes its own seat after having accomplished its task" (*phyuṅ ba'i lhas phrin las mdzad nas raṅ gnas su 'khod pa*), and 3-1-4. "Explanation of their symbols, body colour, and so on" (*de dag phyag mtshan daṅ sku mdog la sogs pa bstan pa*).

3-1-1. "How to create the generated maṇḍala from the body maṇḍala" is only two lines in the manuscript whereas 3-1-2. "The explanation of the meaning of

39. On the body-maṇḍala of the Saṃvara, see Tanaka 1997, 125-134. Sugiki has emended this table in his Table 2-3 in Sugiki 2007, 91.

the mantras that generate [deities]" occupies six lines.

The Ārya school of the *Guhyasamāja* uses a 32-deity maṇḍala that considerably augmented the thirteen basic deities given in *Guhyasamāja* I. (refer to the diagram on p.78) Among the generation mantras of the thirty-two deities given in *Vyavastholi* 3-1-2, those of the thirteen basic deities also appear in the exegesis on *Guhyasamāja* I in the *Pradīpoddyotana* by Candrakīrti, also of the same Ārya school. However, in the *Pradīpoddyotana* the same interpretations as those given in the *Vyavastholi* are regarded as "provisional" (*neyārtha*).[40] As Matsunaga has pointed out, the *Pradīpoddyotana* adopted the system of interpretation called "seven ornaments" (*saptālaṅkāra*), and *neyārtha* is one of the "six edges" (*ṣaṭkoṭi*), corresponding to the third of the seven ornaments.[41]

As was noted in the previous section, the *Vyavastholi* and *Pradīpoddyotana* are thought to have been composed in the late eighth to early ninth century since both of them quote the *Sarvabuddhasamāyoga* as *Saṃvara*. But it was not clear which was earlier since even though there exist several parallel passages in the *Vyavastholi* and *Viṃśatividhi* attributed to Nāgabodhi/Nāgabuddhi and in the *Pradīpoddyotana*, no sources are given.

However, Candrakīrti mentions the *Vyavastholi*'s interpretation of the generation mantras of the thirteen basic deities without mentioning the source, but then rejects it as provisional. This would suggest that Candrakīrti was later than Nāgabodhi/Nāgabuddhi and knew of the existence of the *Vyavastholi*. This is important when considering the dates of composition of the basic scriptures of the Ārya school.

Almost the complete text of 3-1-3. "Generated deity takes its own seat after having accomplished its task," 3-1-4. "Explanation of their symbols, body colour, and so on," and 3-2, together with 3-3-1. "Elimination of doubts by question and answer about how to seal the body of the deity with the four

---

40. See Table 3 "Quotations and parallel passages."

41. Matsunaga 1980, 280, 284.

mudrās," 3-3-2. "Elimination of doubts by question and answer about the fact that the deities of the *Guhyasamāja* are said to be three-headed," and 3-3-3. "Elimination of doubts by question and answer regarding the difference in the number of deities in the maṇḍala," are all cited in the *Vajrācāryanayottama*. Therefore, for this part of the text we are able to refer also to the Kathmandu and Göttingen manuscripts of the *Vajrācāryanayottama*.

In 3-1-3. "Generated deity takes its own seat after having accomplished its task," the deities of the Guhyasamāja-maṇḍala are all described as three-headed and six-armed, and after having purified the mental afflictions of sentient beings, they take their own seats in the maṇḍala.

Next, in 3-1-4. "Explanation of their symbols, body colour, and so on," all the deities of the *Guhyasamāja* are said to hold a vajra, wheel, jewel, lotus, sword, and bell in their six hands. These six attributes are the symbols of six deities, namely, the five Buddhas and Vajrasattva, the sixth Tathāgata. This suggests that Nāgabodhi/Nāgabuddhi already knew of the six-Tathāgata theory of late tantric Buddhism. The five Buddhas are also said to have different body colours in accordance with the different rites of protection, prosperity, and so on.

In 3-2. "Establishing the generated maṇḍala as the abode [of the deities] with textual evidence," a passage from Guhyasamāja I is quoted as textual evidence for the generated maṇḍala (*utsargamaṇḍala*). In this context, in contrast to the *bodhicitta*-maṇḍala in which the semen ejaculated in the vagina is transformed into the deities of the maṇḍala, the generated maṇḍala is the vagina transformed into the abode of the deities, namely, the pavilion of the maṇḍala. This section is omitted in the *Vajrācāryanayottama*, but it can be restored from Ms.Ga and the Sanskrit text of the *Guhyasamāja-tantra*.[42]

3-3. "Elimination of doubts by questions and answers" covers fols. 25a-26b in the manuscript and is subdivided into four sections: 3-3-1. "Elimination of doubts by question and answer about how to seal the body of the deity with the

42. Matsunaga 1978, 5.8-12.

Table 4. Correspondence of Three Manuscripts

Tsoṅ-kha-pa's synopsis			Ms.Ga.	Ms.K.	Ms.Gb.	Peking	bsTan 'gyur
3-1-3. phyuṅ ba'i lhas phrin las mdzad nas raṅ gnas su 'khod pa			25a3	34a7	26b3	10-2-1	351-13
3-1-4. de dag gi phyag mtshan da skuṅ mdog la sogs pa bstan pa			25a4	34a8	26b5	10-2-3	351-20
3-2. phyuṅ ba'i rten gyi dkyil 'khor luṅ gis bsgrub pa			25a5			10-2-5	352-4
3-3-1. phyag rgya bźis lha'i sku rgyas gdab pa		dris	25a6	34a9	27a2	10-2-7	352-10
la dris lan gyis dogs pa bcad pa		lan	25a6	34a9	27a3	10-2-8	352-11
3-3-2. 'dus pa'i lha rnams źal gsum par		dris	25a7	46a1	27a4	10-3-1	352-15
bśad pa la dris lan gyis dogs pa bcad pa		lan	25a8	46a1	27a5	10-3-2	352-17
	texual	verse 1	25a8	46a2	27a5	10-3-3	352-19
	evidence	verse 2	25a8	46a2	27b1	10-3-3	352-20
		verse 3	25a9	46a2	27b2	10-3-4	353-1
		verse 4	25a9	46a3	27b2	10-3-5	353-3
		verse 5	25b1	46a3	27b3	10-3-5	353-5
		verse 6	25b1	46a4	27b4	10-3-6	353-7
		verse 7	25b2	46a4	27b5	10-3-7	353-9
		verse 8	25b2	46a4	27b5	10-3-8	353-11
		verse 9	25b2	46a5	28a1	10-3-8	353-13
		verse 10	25b3	46a5	28a2	10-4-1	353-15
3-3-3. dkyil 'khor gyi lha graṅs mi mthun pa		dris	25b3	46a6	28a3	10-4-2	353-18
la dris lan gyis dogs pa bcad pa	reason	lan	25b4	46a6	28a4	10-4-2	353-21
	texual	verse 1	25b6	45b1	28b2	10-4-6	354-7
	evidence	verse 2	25b7	45b1	28b3	10-4-6	354-9
		verse 3	25b7	45b2	28b4	10-4-7	354-11
		verse 4	25b8	45b2	28b5	10-4-7	354-13
		verse 5	25b8	45b2	28b5	10-4-8	354-14
		verse 6	25b8	45b3	29a1	10-5-1	354-16
		verse 7	25b9	45b3	29a2	10-5-2	354-18
		verse 8	25b9	45b4	29a2	10-5-2	354-20
		verse 9	26a1	45b4	29a3	10-5-3	354-21
		verse 10	26a1	45b4	29a4	10-5-4	355-3
		verse 11	26a2	45b5	29a5	10-5-5	355-4
		verse 12	26a2	45b5	29a5	10-5-5	355-6
		verse 13	26a2	45b5	29b1	10-5-6	355-8
		verse 14	26a3	45b6	29b2	10-5-7	355-10
		verse 15	26a3	45b6	29b3	10-5-8	355-12
		verse 16	26a4	45b6	29b3	10-5-8	355-14
		verse 17	26a4	45b7	29b4	11-1-1	355-16
		verse 18	26a5	45b7	29b5	11-1-2	355-18
		verse 19	26a5	45b7	30a1	11-1-2	355-19
		verse 20	26a6	45b8	30a1	11-1-3	355-21

four *mudrās*" (*phyag rgya bźis lha'i sku rgyas gdab pa la dris lan gyis dogs pa bcad pa*), 3-3-2. "Elimination of doubts by question and answer about the fact that the deities of the *Guhyasamāja* are said to be three-headed" (*'dus pa'i lha rnams źal gsum par bśad pa la dris lan gyis dogs pa bcad pa*), 3-3-3. "Elimination of doubts by question and answer regarding the difference in the number of deities in the maṇḍala" (*dkyil 'khor gyi lha graṅs mi mthun pa la dris lan gyis dogs pa bcad pa*), and 3-3-4. "Elimination of doubts by question and answer regarding the assignment of deities to the practitioner's body" (*sgrub pa po'i lus la lha bkod pa la dris lan gyis dogs pa bcad pa*).

3-3-1. "Elimination of doubts by question and answer about how to seal the body of the deity with the four *mudrās*": In the Yoga tantras starting with the *Sarvatathāgatatattvasaṃgraha* the practitioner must bind the four *mahā-*, *samaya-*, *dharma-*, and *karma-mudrās* in order to accomplish the deities. In contrast, the *Guhyasamāja-tantra* does not explain the four *mudrās*. How, then, is one to achieve union with the deity? The answer is that in the *Guhyasamāja* the body of the deity (adorned with the thirty-two major and eighty minor marks of a great being) is none other than the *mahāmudrā*, the consorts (four Buddha mothers) are the *samayamudrā*, the syllables of the mantra are the *dharmamudrā*, and saving sentient beings by means of various emanations is the *karmamudrā*.

3-3-2. "Elimination of doubts by question and answer about the fact that the deities of the *Guhyasamāja* are said to be three-headed": In both the Ārya and Jñānapāda schools all deities of the Guhyasamāja-maṇḍala are three-headed and six-armed, and in this section the reason for this is explained. In Indian late tantric Buddhism, the main deity of the maṇḍala is often multi-headed and multi-armed. Both Akṣobhyavajra and Mañjuvajra, the main deities of the Guhyasamāja-maṇḍala, are three-headed and six-armed, while Hevajra is eight-headed and 16-armed, Cakrasaṃvara is three-headed and six-armed or four-headed and 12-armed, and Kālacakra is four-headed and 24-armed.

However, in early and middle esoteric Buddhism, which predates late tantric Buddhism, multi-headed and multi-armed images are limited to protective deities adopted from Hinduism, transformations of Avalokiteśvara, and wrathful deities, and Tathāgatas were not multi-headed and multi-armed. Therefore, it was said that "in the *ubhayatantras* starting with the *Sarvatathāgata-tattvasaṃgraha* they are fixed as single-headed." But in the Guhyasamāja-maṇḍala all the deities have become three-headed and six-armed, and here the reason for this is explained.

It is worth noting that the passage which in the Tibetan translation reads "in the *Tattvasaṃgraha* and so on as well as the *ubhayatantras*" (*de kho na ñid bsdus pa la sogs pa daṅ / gñi ga'i rgyud las ni*) appears in the Sanskrit manuscript as "in the *ubhayatantras* such as the *Tattvasaṃgraha*" (*tatvasaṃgrahādy ubhayatantra*). As Tsoṅ-kha-pa points out in his *rNam bśad*, in Tibetan Buddhism *tattvasaṅgrahādi* refers to the Yoga tantras starting with the *Sarvatathāgatatattvasaṃgraha*, whereas *ubhayatantra* was thought to correspond to the Caryā tantras starting with the *Vairocanābhisambodhi-sūtra*, which has the characteristics of both Kriyā and Yoga tantras.[43] However, in the Sanskrit it is impossible to interpret the phrase in question as a copulative compound since the three manuscripts all have *tatvasaṃgrahādy ubhayatantra*.

In verse 2 of the first *vidhi* of the *Viṃśatividhi*, the Sanskrit manuscript of which is missing,[44] there is mention of two Yoga (*gñi ga'i rnal 'byor*) tantras in addition to the Kriyā and Caryā tantras.[45] Thus, in my view Nāgabodhi/ Nāgabuddhi's *ubhayatantra* refers not to the Caryā tantras starting with the *Vairocanābhisambodhi-sūtra* but to the Yoga tantras starting with the *Sarvatathāgatatattvasaṃgraha* and the Mahāyoga tantras starting with the *Guhyasamāja*. This would suggest that the *Vyavastholi* dates from a very early

---

43. Kitamura and Tshul khrims 2000, 115.

44. In Sāṅkṛtyāyana 1935, 45, no. 302 there is mention of a complete manuscript of the *Viṃśatividhi* in the possession of Źa-lu monastery, but Sāṅkṛtyāyana did not photograph it. The photographs taken by Tucci are held by the IsIAO in Rome, but currently they cannot be consulted due to circumstances in Italy.

45. Tanaka 2005, 185-199.

stage of late tantric Buddhism when multi-headed and multi-armed esoteric Buddhist images were not yet widespread.

Next, ten verses from the explanatory tantra *Saṃdhyāvyākaraṇa-vyākhya-tantra* are quoted. As has already been pointed out by Tsoṅ-kha-pa in his *rNam bśad*,[46] only some of these verses tally with the present Tibetan translation of this text. The *Saṃdhyāvyākaraṇa* was thought to be the earliest of the explanatory tantras since it explains the root tantra only up to Chapter XII.[47] However, the fact that the quotation by Nāgabodhi/Nāgabuddhi does not tally with the present Tibetan translation raises questions about the dating of explanatory tantras of the *Guhyasamāja*.

3-3-3. "Elimination of doubts by question and answer regarding the difference in the number of deities in the maṇḍala": According to *Guhyasamāja* I , the number of deities in the Guhyasamāja-maṇḍala is only thirteen, whereas the Ārya school uses a 32-deity maṇḍala centred on Akṣobhyavajra and the Jñānapāda school uses a 19-deity maṇḍala centred on Mañjuvajra. Thus, the number of deities varies in the different schools of interpretation.

Regarding this issue, Nāgabodhi/Nāgabuddhi argues that the reason that the root tantra does not explain the full number of maṇḍala deities is that one must not perform the maṇḍala rite without instruction from an *ācārya*. In Japanese esoteric Buddhism too it is said that there are missing sentences or ambiguities in the *Vairocanābhisambodhi-sūtra* that must be corrected in accordance with an *ācārya*'s instructions. Nāgabodhi/Nāgabuddhi's explanation is similar to this.

In addition, Nāgabodhi/Nāgabuddhi points out that the explanatory tantra *Vajramālā* explains the full number of maṇḍala deities, and he quotes from this text. The Sanskrit manuscript of the *Vajramālā* has not been discovered, but Candrakīrti's *Pradīpoddyotana* belonging to the same Ārya school quotes the same verses.[48] If we compare both quotations, we find that a considerable

46. Kitamura and Tshul khrims 2000, 116.

47. Matsunaga 1980, 236.

48. Cakravarti 1984, 27-28.

number of terms differ, nor can the corresponding verses be found in the present Tibetan translation of the *Vajramālā* (Peking no. 82). Matsunaga has pointed out that the *Vajramālā* evolved through mutual interaction with treatises of the Ārya school.[49] Nāgabodhi/Nāgabuddhi's explanation regarding textual evidence for the 32-deity maṇḍala may hint at the sectarian affiliation of the *Vajramālā*.

3-3-4. "Elimination of doubts by question and answer regarding the assignment of deities to the practitioner's body" is divided into a question and an answer. The question is as follows: Is it not inappropriate that Buddhas and bodhisattvas, who are free from all mental afflictions and possess virtues of the Buddha such as the ten powers and four fearlessnesses, are arranged on the body of the practitioner who is not yet enlightened? This is a radical question about the efficacy of the visualization of union with deities and the assignment of deities to the practitioner's body, which form the basis of the practice of late tantric Buddhism.

The answer is as follows: A spittoon is filled with phlegm. But if the same vessel becomes tableware, it will be used for meals, and if it is recast as an image of a deity, it will be worshipped. In the same way, the body of an ordinary person defiled by mental afflictions is the substrate of cyclic existence but will become the basis of omniscience if one realizes the nature of all existence, and therefore there is no fault.

Furthermore, three pieces of textual evidence are adduced. As Tsoṅ-kha-pa points out, the first is from *Bodhicaryāvatāra* 1-10.[50] If it was quoted directly from the *Bodhicaryāvatāra*, it would be important to determining the *terminus post quem* of the *Vyavastholi*.

The next quotation is from the "Kāśyapa-parivarta" of the *Ratnakūṭa-sūtra*. This passage corresponds to 73 of Staël-Holstein's Sanskrit-Tibetan-Chinese

49. Matsunaga 1980, 288-302.

50. Kitamura and Tshul khrims 2000, 130.

trilingual edition.[51] This quotation is valuable because this passage is missing in the single Sanskrit manuscript used by Staël-Holstein.

The last quotation is from Chapter 3 of the *Sandhyāvyākaraṇa-tantra*, an explanatory tantra of the Guhyasamāja cycle.[52] This too is valuable because the Sanskrit manuscript of this tantra had not yet been discovered.

This chapter then ends with only the chapter title and no closing remarks. This final section 3-3-4 is of particular interest because it discusses the efficacy of the visualization of union with deities and the assignment of deities to the practitioner's body, both elements forming the basis of the *utpattikrama* of late tantric Buddhism.

To facilitate the reader's understanding of the structure of this chapter and the quotations from and parallels with other texts, I have compiled a table on the basis of Tsoṅ-kha-pa's synopsis (Table 3).

(6) Contents of Chapter 4

The *Vyavastholi* is considered to be a basic text for the *utpattikrama* of the Ārya school. However, the final Chapter 4 deals with the *utpannakrama*, in particular the *vajrajāpakrama*, the first of the five stages (*pañcakrama*) of the *Guhyasamāja*, as the maṇḍala of ultimate meaning (*paramārthamaṇḍala*).

Tsoṅ-kha-pa's *rNam bśad* divides the explanation of Chapter 4 into three parts: 4-1. "Aggregates and so on entering into the clear light (*prabhāsvara*)" (*phuṅ sogs 'od gsal du gźug pa*), 2-2. "Signs of the first four aggregates entering into the clear light" (*phuṅ sogs daṅ po bźi 'od gsal du gźug pa'i rtags*), and 4-3. "The sequence in which the remaining one enters into the clear light" (*lhag ma 'od gsal du 'jug pa'i rim pa*). 4-1. is further subdivided into 4-1-1. "Summary based on the root tantra" (*rtsa rgyud kyis mdor bstan pa*) and 4-1-2. "Detailed argument based on explanatory tantras" (*bśad rgyud kyis rgyas par bśad pa*), while 4-3 is subdivided into 4-3-1. "*Prakṛtis* together with the cause

51. Staël-Holstein 1926, 109-110.

52. Peking vol. 3, 237-2 (rGyud, ca 252b)-1; sDe-dge, rGyud, ca 170b6-171a1.

Table 5. Structure of the *Vyavastholi* IV

Tsoṅ-kha-pa's synopsis		Ms.	Peking	bsTan 'gyur	Quotations and parallel passages
4-1. phuṅ sogs 'od gsal du gźug pa	4-1-1. rtsa rgyud kyis mdor bstan pa	26b2	11-2-5	357-6	*Guhyasamāja* VII-33
	4-1-2. bśad rgyud kyis rgyas par bśad pa	26b3 26b5	11-2-7 11-2-8	357-10 357-15	*Sandhyāvyākaraṇa* III *Vajramālā*
4-2. phuṅ sogs daṅ po bźi 'od gsal du gźug pa'i rtags	1) rūpaskandha=vairocanakula	26b7	11-3-6	358-9	
	2) vedanāskandha=ratnakula	27a1	11-4-2	358-21	
	3) saṃjñāskandha=padmakula	27a2	11-4-5	359-8	
	4) saṃskāraskandha=karmakula	27a4	11-4-8	359-16	
4-3. lhag ma 'od gsal du 'jug pa'i rim pa	4-3-1. raṅ bźin snaṅ ba la thim pa rgyu daṅ bcas pa	27a6	11-5-3	360-2	
	4-3-2. bsam gtan gñis kyis sṅags don mṅon du byed tshul	27a7	11-5-4	360-4	
	4-3-2-1. dṅos kyi don	27a7	11-5-4	360-4	
	4-3-2-2. sṅags don luṅ gis bśad pa	27a8 27a10	11-5-5 11-5-8	360-7 360-16	*Sandhyāvyākaraṇa* III *Pañcakrama* I-49 ~ 50

dissolve into *ābhāsas*" (*raṅ bźin snaṅ ba la thim pa rgyu daṅ bcas pa*) and 4-3-2. "How to experience the meaning of the mantra by means of two meditations" (*bsam gtan gñis kyis sṅags don mṅon du byed tshul*).

First, 4-1. "Aggregates and so on entering into the clear light" quotes as textual evidence verse 33 of *Guhyasamāja* VII: "He who wishes to achieve the result should eject semen by means of the *samaya* and drink it in accordance with the ritual manual. If he kills a mass of Tathāgatas, he will acquire the supreme achievement."[53] This verse is also quoted by the *Pradīpoddyotana* of the same Ārya school, which also interprets it as the maṇḍala of ultimate meaning dissolving into the clear light.[54] According to the *rNam bśad*, the above is 4-1-1. "Summary based on the root tantra."

Next, this verse is interpreted with reference to an explanatory tantra, the *Sandhyāvyākaraṇa*, and is then reinterpreted (*pratinirdeśa*) with reference to

53. Matsunaga 1978, 23.

54. Chakravarti 1984, 69-70.

another explanatory tantra, the *Vajramālā*. The *Sandhyāvyākaraṇa* explains the first twelve chapters of the *Guhyasamāja-tantra*, but the quoted passage is found not in the commentary on Chapter VII but in the commentary on Chapter III. Meanwhile, the Sanskrit manuscript of the *Vajramālā* has not been found, but the quoted passage is also found in the *Piṇḍīkrama* of the same Ārya school as verses 39-44.[55]

According to Tsoṅ-kha-pa, "one should eject semen by means of the *samaya*" means that the foetus formed as a result of the parents' sexual congress matures as a sentient being possessing the five aggregates, four elements, and twelve sense fields. "Drink it in accordance with the ritual manual" means that at the time of death the sentient being dissolves into the clear light. "If he kills a mass of Tathāgatas, he will acquire the supreme achievement" means that if the deities assigned to the aggregates, elements, and sense fields dissolve into the clear light, one can achieve the great seal (*mahāmudrā*). Lastly, for the sake of consolidating *nirvāṇa*, *sarvaśūnya*, and *dharmakāya*, the mantra *śūnyatājñānavajra...*[56] in Guhyasamāja III is expounded.

According to Tsoṅ-kha-pa, the above corresponds to 4-1-2. "Detailed argument based on explanatory tantras." In the Sanskrit manuscript, at the end of 4-1-2 there are the words "the third instruction of the arrangement was explained" (*vyavastholitṛtīyopadeśam āha*). This would suggest that originally the preceding section also belonged to Chapter 3.

Next, 4-2. "Signs of the first four aggregates entering into the clear light" explains what kinds of signs appear when the first four aggregates, i.e., *rūpa*, *vedanā*, *saṃjñā*, and *saṃskāra*, enter into the clear light, that is to say, dissolve at the time of death. As I noted in Tanaka 1997, in which I surveyed the history of the formation of the *utpannakrama*, characteristic of late tantric Buddhism, the *utpannakrama* of the Ārya school of the *Guhyasamāja* is characterized by physiological yoga which simulates the process of death.

55. Vallée Poussin 1896, 3.

56. Matsunaga 1978, 11.

In this section there are explained, on the basis of the correspondences shown in the earlier quotation from the *Vajramālā*, the signs that appear when the deities belonging to the Buddha, Jewel, Lotus, and Action families, which preside over *rūpa*, *vedanā*, *saṃjñā*, and *saṃskāra* respectively, enter into the clear light.[57]

Section 4-3. "The sequence in which the remaining one enters into the clear light" explains the process whereby "the remaining one," i.e., *vijñāna*, and the deities of the Vajra family, which presides over it, enter into the clear light. As I showed in Tanaka 1997, in the physiological yoga of the Ārya school, which simulates the death process, three visions (*ābhāsatraya*) appear (*āloka*, *alokābhāsa*, and *ālokopalabdhi*), and their dissolving into the clear light (*prabhāsvara*) together with eighty *prakṛtis* is considered to be the true meaning of shining by nature (*prakṛtiprabhāsvara*). It is to this that 4-3-1. "*Prakṛtis* together with the cause dissolve into *ābhāsas*" in Tsoṅ-kha-pa's synopsis refers. However, the *Vyavastholi* explains only that the remaining appearance of the *prakṛtis*, namely, the wisdom of Mañjuśrī, is known on the basis of the second stage,[58] and it does not explain in detail the theory of three visions and eighty *prakṛtis*.

Section 4-3-2. "How to experience the meaning of the mantra by means of two meditations" is divided into 4-3-2-1. "Actual meaning" (*dṅos kyi don*) and 4-3-2-2. "Explanation of the mantra's meaning with textual evidence" (*sṅags don luṅ gis bśad pa*). The two meditations are *piṇḍagrāha* and *anubheda*, to which importance is attached in the *utpannakrama* of late tantric Buddhism.

Section 4-3-2-2. is further subdivided into question and answer. In the answer, regarding the interpretation of the aforementioned mantra *śūnyatā-*

---

57. A translation of this passage can be found in Tanaka 1997, 156-157. However, on that occasion I did not refer to the original Sanskrit presented in the present volume.

58. Tsoṅ-kha-pa interprets this "second stage" as the *utpannakrama*, but it is also possible to interpret it as the second stage of the five stages, namely, *cittaviśuddhikrama*, since the main theme of this stage is the three visions.

jñānavajra..., an explanatory tantra is quoted. As is pointed out by Tsoṅ-kha-pa, it is a quotation from the *Sandhyāvyākaraṇa*.[59] We can refer to the original Sanskrit of these verses since they are also quoted in the *Pradīpoddyotana*,[60] although there are some differences in wording. Lastly, the practice of the three truths, namely, the three seed syllables *Oṃ Āḥ Hūṃ*, is explained. These syllables are not mere letters and are deemed to correspond to the inhalation, retention, and exhalation of vital energy in breathing and to the invitation (*āvāhana*), installation (*sthāpana*), and dismissal (*visarjana*) of maṇḍala deities.

This coincides with the content of the *vajrajāpakrama*[61] of the *Pañcakrama*, the basic text on the *utpannakrama* of the Ārya school. It concludes with the statement that the *ācārya* endeavours to give instructions in the disciple's ear in a hurry, with concision, and gradually. "In a hurry" (*tvarite*) is deemed to refer to the invitation of the deity, "with concision" (*vibandhe*) to the installation of the deity, and "gradually" (*bāṣpe*) to the dismissal of the deity. The word *bāṣpe* is not found in Sanskrit dictionaries, and how it came to be understood as "gradually" (Tib. *dal ba yis*) requires further consideration.

To facilitate the reader's understanding of the structure of this chapter and the quotations from and parallels with other texts, I have prepared a table on the basis of Tsoṅ-kha-pa's synopsis (Table 4).[62]

(7) Editorial Conventions

In the edition of the Sanskrit text that follows, I have presented on the left-hand side of the page the romanized Sanskrit text of the *Vyavastholi* as recovered from the manuscript photographed by Rāhula Sāṅkṛtyāyana and from quotations

59. The *Sandhyāvyākaraṇa* explains the root tantra up to Chapter XII. This quotation corresponds to verses 4-7B of the explanation of Chapter III.

60. Chakravarti 1984, 37.

61. See Sakai 1975, 132-133.

62. In the column "bsTan 'gyur" I give the page and line numbers of CTRC 1997.

and parallel passages found in the *Vajrācāryanayottama*, etc., and on the right-hand side the Tibetan translation as given in the bsTan 'gyur edited by the China Tibetology Research Center. It should be pointed out that some parts of the romanization remain tentative.

There has been some criticism of such a layout for critical editions. I believe, however, that there are advantages in being able to refer to the Sanskrit text and the Tibetan translation on the same page, especially in the case of a work such as the *Vyavastholi*, for which the Tibetan translation is an indispensable second witness since the photographs taken by Rāhula Sāṅkṛtyāyana are the sole source of the Sanskrit text.

From 3-1-3 to 3-3-3, where I have been able to refer to parallel passages in the *Vajrācāryanayottama,* I have compared the three manuscripts Ms.Ga, Ms.Gb, and Ms.K. When these three manuscripts differ, I have adopted the grammatically or metrically correct spelling or the reading coinciding with the Tibetan translation, and variant readings are given in footnotes. For the rest of the text I have referred only to the sole extant manuscript (Ms. in footnotes) and emended its readings on the basis of the Tibetan translation and other parallel passages. This has resulted in differences in the editorial treatment of 3-1-3 - 3-3-3 and the rest of the text.

The notation (21b2) signifies line 2 on the verso side of folio 21. Where the three manuscripts are available, in order to avoid confusion the line and folio numbers of Ms.K[63] have been enclosed in square brackets ([ ]) while those of Ms.Gb have been enclosed in angle brackets (< >).

As is common in East Indian manuscripts, the manuscript does not distinguish between *ba* and *va*, and there is also frequent confusion of *sa*, *śa*

63. Because the folio numbers of the Kathmandu manscript of the *Vajrācāryanayottama* are almost illegible, I have used the frame numbers of the microfilm taken by the NGMPP as substitutes for the folio numbers. For example [34a7] means line 7 of the folio photographed in the upper part of frame 34.

and *ṣa*. The *virāma* is missing in most cases[64] but has been supplied when deemed necessary. In addition, *sattva* and *tattva* are regularly written *satva* and *tatva*, while a consonant after *r* (*repha*) is doubled, but these and other discrepancies with standard orthographical practice have been transcribed as they are, except for the text from 3-1-3 to 3-3-3, where three manuscripts are available.

From 3-1-3 to 3-3-3, if one of the three manuscripts has a reading that coincides with standard orthography, I have adopted that reading, but if all three have spellings that differ from standard orthography, I have transcribed them as they are. In the case of liaison of *s*+*s* and *s*+*ś*, Ms.K and Ms.Gb have *ḥ*+*s* and *ḥ*+*ś* whereas Ms.Ga has *s*+*s* and *ś*+*ś*. When all three manuscripts differ, I have adopted the former spelling. But in sections for which there is only one manuscript, I have transcribed the spelling found in the manuscript as it is.

In Tanaka 2005a, I used Ms.K as the base text for the romanized edition of the *Viṃśatividhi* because its photographs were comparatively clear in the parts where the palm leaves had survived, and I emended it by referring to the legible parts of Ms.Ga and Ms.Gb. But since then the comparatively good photographs of the Göttingen manuscript have become available. I have accordingly used Ms.Ga as the base text and corrected the mistranscriptions in Tanaka 2005a and the passages restored on the basis of parallel passages (enclosed in square brackets [ ]). The yardstick for the use of the *daṇḍa* (/) has also been changed from Ms.K to Ms.Ga. As a result, the text published in Tanaka 2005a has been revised to a considerable extent.

As for substitutional *anusvāra*, where the three manuscripts are available priority has been given to standard orthography. But in other parts the spelling has been transcribed as it occurs in the sole manuscript.

64. According to the late Hemarāj Shākya, a renowned Nepalese palaeographer, the *virāma* is frequently missing in manuscripts written in the Maithili script like the one in question.

When missing glyphs or glyphs that are illegible on account of soiling of the palm leaves have been augmented on the basis of quotations from or parallel passages in other texts, these have been enclosed in square brackets ([ ]). Redundant glyphs and symbols in the manuscript have been enclosed in braces ({?}), while redundant glyphs that have been deleted in the manuscript with the deletion sign (*parimārjita-saṅketa*) have been enclosed in braces and underlined.

The transcription of the Tibetan text is based on China Tibetology Research Center 1997,[65] and the corresponding page numbers have been enclosed in square brackets ([ ]). In cases where the Tibetan translation suggests a different reading, this has been pointed out in the footnotes. The transcription of Tibetan characters follows the Library of Congress (USA) system.

65. As has been pointed out by Western scholars, the CTRC edition is not philologically sound and contains numerous mistranscriptions or misprints. However, no other printed edition comparing four woodblock editions (sDe-dge, Peking, sNar-thang, and Co-ne) is currently available (in the table, 丹珠爾 = bsTan 'gyur).

Göttingen Sansc Xc 14/30 (Taf.003)

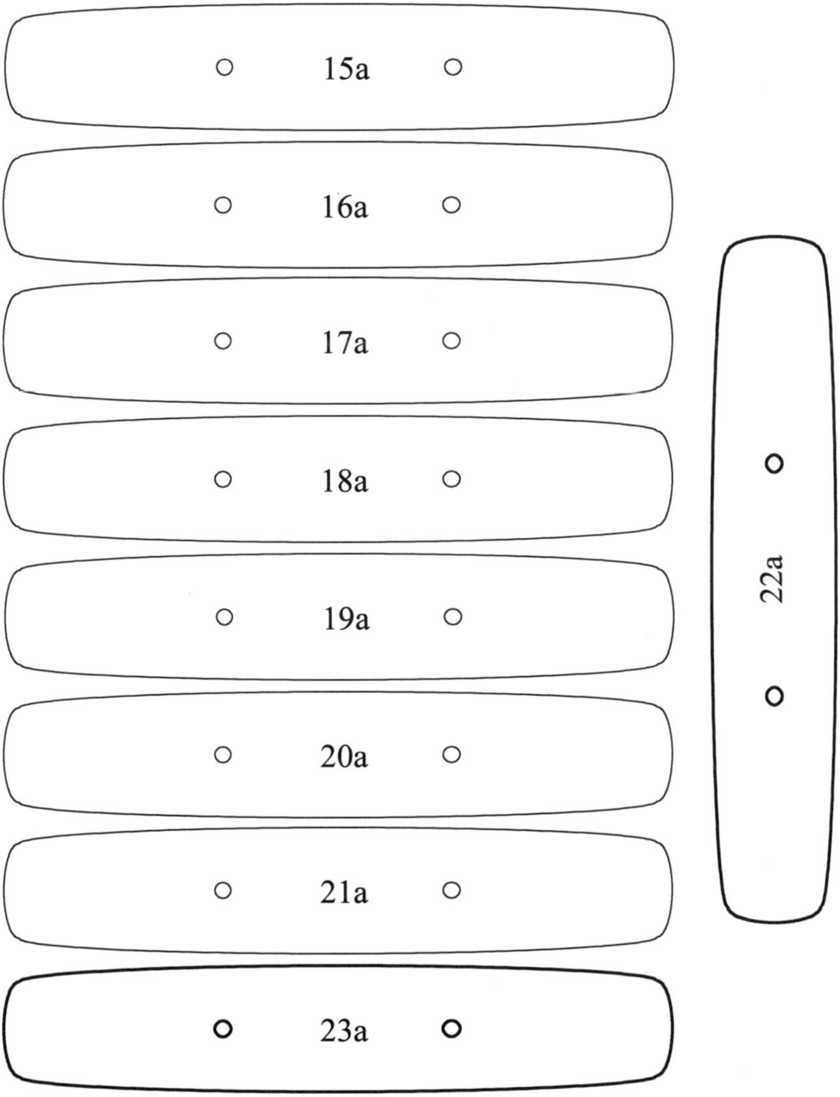

Göttingen Sansc Xc 14/30 (Taf.004)

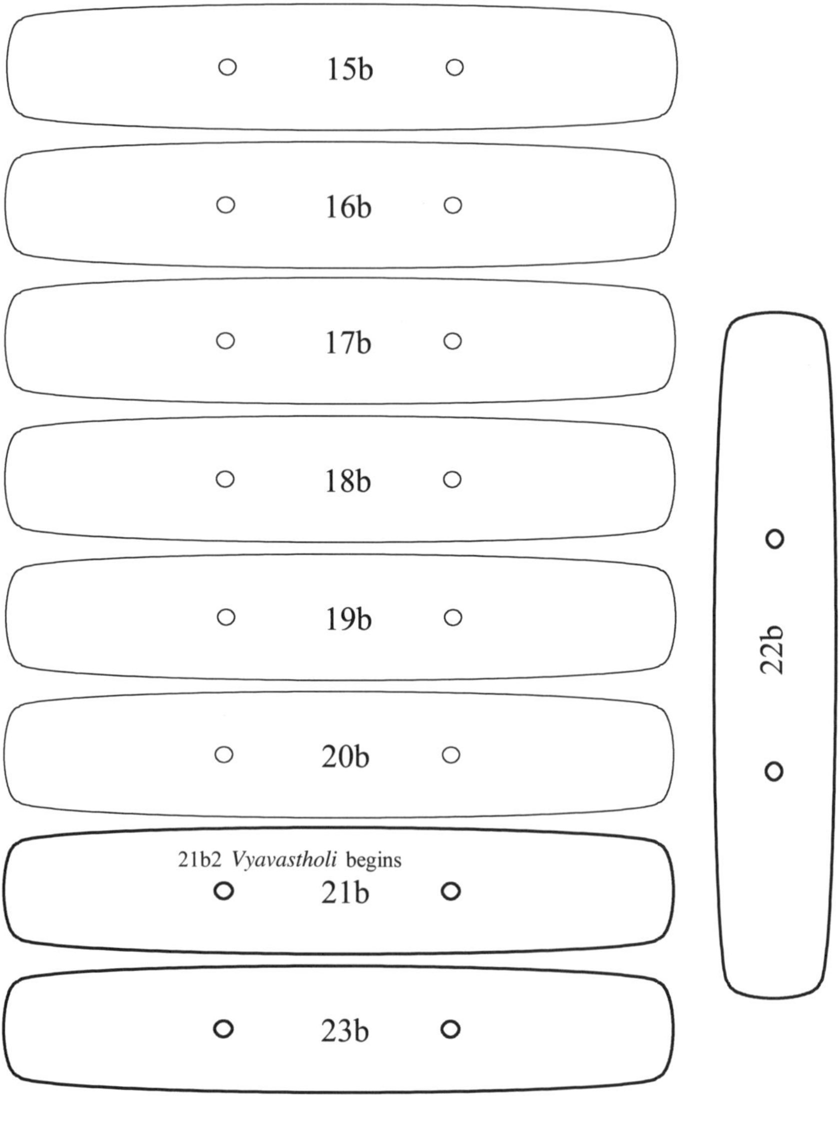

Göttingen Sansc Xc 14/30 (Taf.005)

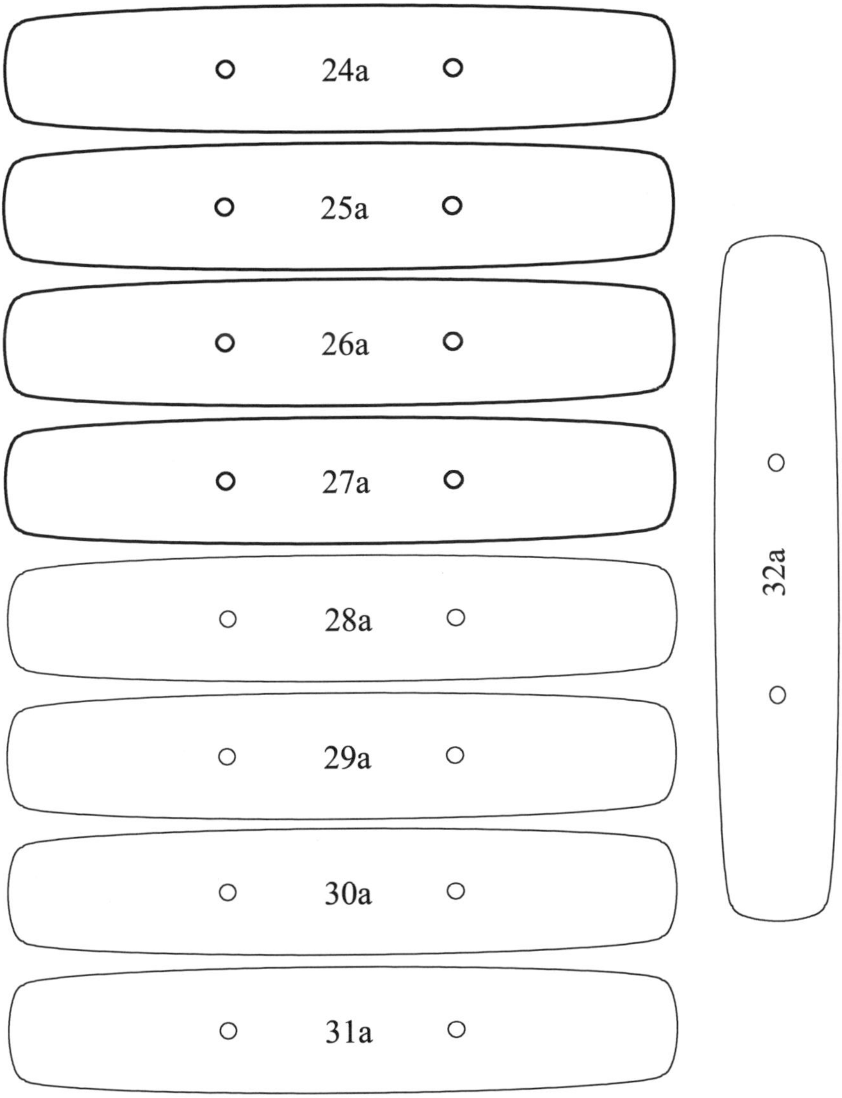

Göttingen Sansc Xc 14/30 (Taf.006)

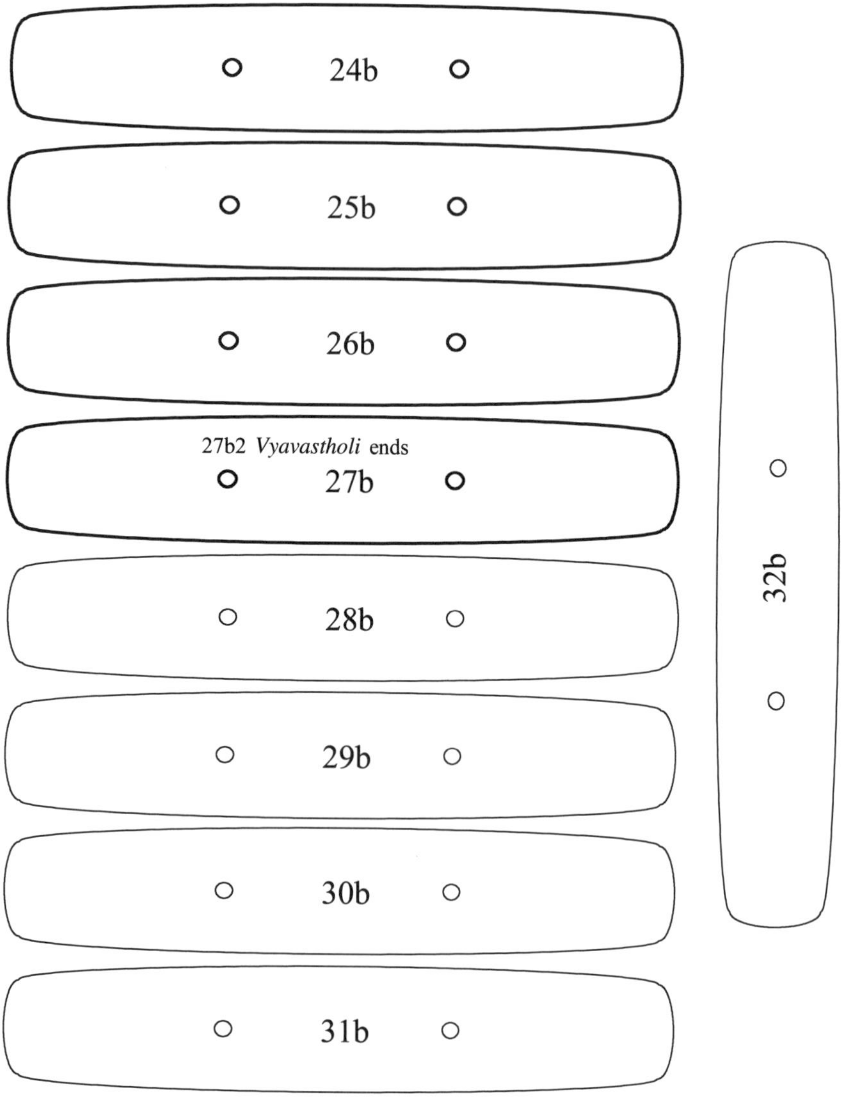

『秘密集会』阿閦金剛曼荼羅

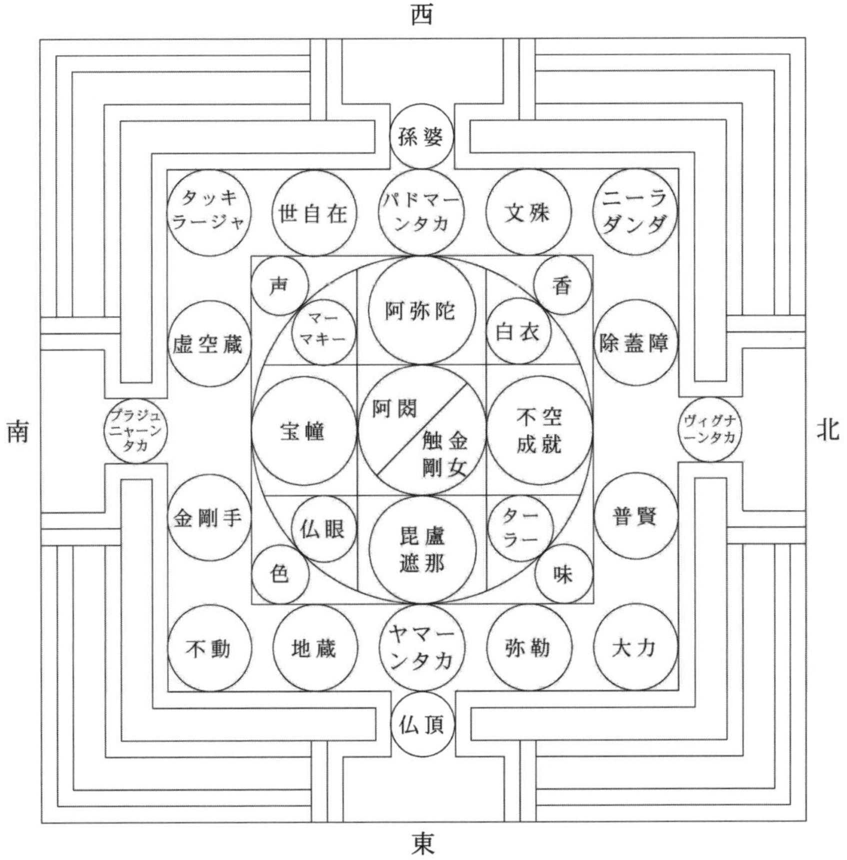

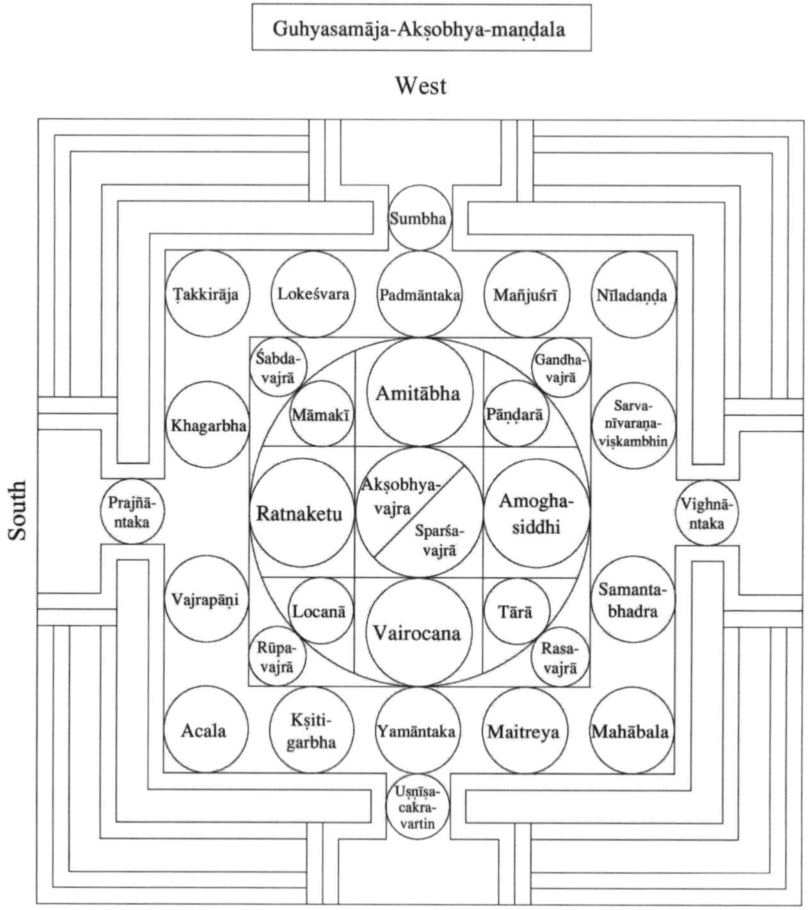
Guhyasamāja-Akṣobhya-maṇḍala
West
South
North
East
Sumbha
Ṭakkirāja
Lokeśvara
Padmāntaka
Mañjuśrī
Nīladaṇḍa
Śabda-vajrā
Gandha-vajrā
Amitābha
Māmakī
Pāṇḍarā
Khagarbha
Sarva-nīvaraṇa-viṣkambhin
Prajñā-ntaka
Ratnaketu
Akṣobhya-vajra
Sparśa-vajrā
Amogha-siddhi
Vighnā-ntaka
Vajrapāṇi
Locanā
Vairocana
Tārā
Samanta-bhadra
Rūpa-vajrā
Rasa-vajrā
Acala
Kṣiti-garbha
Yamāntaka
Maitreya
Mahābala
Uṣṇīṣa-cakra-vartin

Samājasādhanavyavastholi

mdor bstan pa

(21b2)namo vajrasatvāya//	[337]dpal rdo rje sems dpa' la phyag 'tshal lo/
vajrasatvaṃ namaskṛtya	rdo rje gsum po mi phyed sku/
trivajrābhedyavigrahaṃ/	rdo rje sems dpa' phyag byas te/
samājasādhanāṅgasya	'dus pa'i sgrub thabs yan lag gi/
vyavastholir niga{?}dyate//	rnam gźag rim pa bśad par bya//
prathamaṃ tāvad	de la daṅ por re źig
abhāvetyādi-	dṅos po med la źes bya ba la sogs pa
gāthām uccārya	tshigs su bcad pa brjod nas
sthā(21b3)va// //rādipadārthān	snod la sogs pa'i dṅos po rnams
śūnyatāyāṃ praveśayet/	stoṅ pa ñid du gźug par bya'o/
tatrākāśadhātumadhyasthaṃ	de nas/ nam mkha'i dbyiṅs kyi dbus gnas par/
bhāvayed vāyumaṇḍalam	rluṅ gi dkyil 'khor bsgom par bya/
ity ādinā	źes bya ba la sogs pas
maṇḍalacatuṣṭayena	dkyil 'khor bźi'i rim gyis
bhūbhāgan niṣpādya	sa'i cha bsgrubs te/
tadupari bhrūṃkāreṇa kūṭāgāra[ṃ]/	de'i steṅ du Bhrūṃ las gźal yas khaṅ bskyed la/
tatrākṣobhye(21b4)tyādi	der mi bskyod pa la sogs pa'i
samastadevatācakraṃ vinyased	lha'i 'khor lo thams cad lhag par mos pas
ity adhimokṣyaḥ//	dgod par bya'o/

tato	de'i 'og tu
yogānuyogā-	rnal 'byor daṅ/ rjes su[338] rnal 'byor daṅ/
tiyoga-	śin tu rnal 'byor daṅ/
mahāyogāḥ krameṇa	rnal 'byor chen po'i rim pas
mahāvajradharam	rdo rje 'chaṅ chen po'i
ātmānaṃ niṣpādya	bdag ñid du bskyed de/
dvayendri[yasamāpattyā[1]]	dbaṅ po gñis mñam par sbyar ba las
[māṇḍaleyadevatāṃ][2] utsṛjya	dkyil 'khor gyi lha rnams phyuṅ ste/
japan bhāvanāṃ ca kṛtvā	bsgom pa daṅ bzlas pa byas nas
visarjjayed iti//	gśegs su gsol ba 'di
nyāśa(*sic*)deśanā śūcitā(*sic*) syāt//	bsgom pa bsdus te bstan pa'o//

1-1. snod kyi srid pa daṅ mthun par bsgom pa

1-1-1. snod źig ciṅ stoṅs pa daṅ mthun par bsgom pa

(21b5)idānīm

vyavastholis tṛtīyo-	rnam par gźag pa daṅ po ñe bar bstan pa
padeśam āha/	brjod par bya ste/
yadā 'smin loke	gaṅ gi tshe 'dir 'jig rten du
gatisamvarttanīprāpte	'jig pa thob par gyur ciṅ/
traidhātuka ekas satvo [']pi	khams gsum pa'i sems can gcig kyaṅ
nāvaśiṣṭo bhavati/	ma lus par gyur nas
bhājanalokamātram avatiṣṭhate/	snod kyi 'jig rten 'ba' źig lus pa
tadā kramakrameṇa	de'i tshe rim gyis rim gyis

1. Ms.: *samāptyā.*

2. Inserted from the margin.

saptasūryāṇāṃ raśmaya(21b6)ḥ	ñi ma bdun gyi 'od zer rnams
prādurbhūya	rab tu bklags pas
traidhātukaṃ dagdhvā	khams gsum pa bsregs te
ākāśamayaṃ kurvvanti//	nam mkha'i raṅ bźin du byed do//

imam artham utpattikramabhāvakaḥ/	don 'di ltar bskyed pa'i rim pa sgom pa pos/
abhāveti	dṅos po med la źes bya ba la sogs pa'i
gāthām	tshigs su bcad pa
uc[c]āryālambayati/	brjod ciṅ bsam par bya'o//

1-1-2. snod chags pa'i rim pa daṅ mthun par bsgom pa

punaḥ pratītyasamutpāda-	de nas yaṅ rten ciṅ 'brel bar byuṅ ba'i
prabandhabalān	rgyun gyi stobs las
mandamandā vāyavaḥ[3] syandante/	khad kyis khad kyis rluṅ rnams g-yos te/
tatas te (21b7)vāyavo varddhamānā	rluṅ de rnams 'phel bar gyur pa ni/
ṣoḍaśalakṣayojanodvedhaṃ	rṅams su ni dpag tshad 'bum phrag bcu drug go//
pariṇāhenāsaṃkhyam vāyumaṇḍalam	rgyar graṅs med pa'i rluṅ gi dkyil 'khor de
ākāśopari nivarttayanti/	nam mkha'i steṅ du chags par gyur nas
tasmin vāyumaṇḍale	rluṅ gi dkyil 'khor de las
meghā sambhūyākṣamātrābhir	byuṅ ba śiṅ rta'i 'phaṅ lo tsam gyi
dhārābhir varṣayanti/	char gyi rgyun bab par gyur te/
tad bhavaty apāṃ	de las chu'i
ma(21b8){ma}ṇḍa[la]ṃ/	dkyil 'khor du gyur te/
tasya pramāṇaṃ	de'i tshad ni

3. Ms.: *vayavaḥ*.

yojanānām ekādaśalakṣam	ṅams su 'bum phrag bcu gcig daṅ
udvedho viṃśatiś ca sahasrāṇi/	stoṅ phrag ñi śu'o//
tāś ca punar āpo vāyubhir	de yaṅ slar chu la rluṅ gis
āvarttyamānāḥ kāṃcanamayī	bsrubs pas gser gyi raṅ bźin gyi
mahī bhavaty apām upariṣṭhāt/	sa gźi chu'i steṅ du chags te/
tasyāḥ pramāṇaṃ trayo lakṣā	de'i tshad ni 'bum phrag gsum daṅ
udvedhās sahasrāṇi ca viṃśatiḥ[4]	stoṅ phrag ñi śu'o//
a(21b9)gnimaṇḍalas tu	me'i dkyil 'khor yaṅ
tad antarbhūta eva/	de dag gi naṅ ñid du gnas so/
ayaṃ sanniveśotpādo	de ltar yaṅ dag par bsgrub ciṅ
yoginām	bskyed pa'i rnal 'byor pas/
ākāśadhātumadhyasthaṃ	nam mkha' dbyiṅs kyi dbus gnas par/
bhāvayed vāyumaṇḍalam(=PIK,19)	rluṅ gi [339]dkyil 'khor bsgom par bya/
ity ādinā	źes bya ba la sogs pas
caturmaṇḍalakrameṇa	dkyil 'khor bźi'i rim pas
bhūbhāgāvalambanaṃ/	sa'i cha bskyed par bya'o//
evaṃ satvānāṃ	de ltar sems can rnams kyi
karmaprabhāvasambhūtair	las kyi dbaṅ gis yaṅ dag par byuṅ ba'i
vāyubhis saṃhṛtya	rluṅ rnams kyis yaṅ dag par bsrubs pas
suva(22a1)rṇṇādayo rāśī	gser la sogs pa'i tshogs kyis
kriyante/ sumervādayaḥ parvatā	byas pa'i ri rab la sogs pa'i ri daṅ/

4. Ms.: *viśaṃtiḥ.*

devavimānāni	lha'i gźal med khaṅ daṅ/
dvīpāś cakravāḍaparyantā	gliṅ lcags ris bskor ba tshun chad du
vṛkṣagulmalatādayaś ca	śiṅ daṅ ljon pa daṅ lcug ma la sogs pa
saṃbhavanti/	'byuṅ bar 'gyur ro//
iyatāś ca[ ]	
bhavotpattikrama-	srid pa'i rim pa
bhāvakānāṃ	de ltar sgom par byed pa rnams kyis
	der ni źes bya ba la sogs pa'i gźuṅ gis
śūnyatābhāvanālakṣaṇapūrvakaṃ	stoṅ pa ñid dmigs pa sṅon du soṅ bas
caturmaṇḍalakrameṇa	dkyil 'khor bźi'i rim pas
bhubhagan niṣpādya	sa'i cha bskyed la/
tad upa(22a2)[ri] kūṭāgāraṃ	de'i steṅ du gźal yas khaṅ
niṣpādayed ity uktaṃ bhavati/	bskyed par bya'o źes bstan par 'gyur ro//

1-2. bcud kyi srid pa'i rim pa daṅ mthun par bsgom pa

tato vijñānādhipatir	de nas rnam par śes pa'i bdag po
mahāvajradharaḥ	rdo rje 'chaṅ chen po
satvajanakaḥ/	sems can skyed par mdzad pa pos
bhājanalokān niṣpādya	snod kyi 'jig rten bskyed kyi 'og tu
satvalokaṃ	sems can gyi khams
nirmiṇoti/	ṅes par sprul par mdzad de/
ālayaniṣpattipūrvikā	gnas ni bsgom pa sṅon 'gro bas/
trivajrotpattibhāvanā karttavyeti	rdo rje gsum bskyed bsgom par bya/
vacanāt/	źes gsuṅs pa'i phyir ro//
tatra catasro(22a3)yonayaḥ/	der skye gnas bźi po

tatra aṇḍajā	'di lta ste/ sgo ṅa las skyes pa daṅ/
jarāyujā	mṅal las skyes pa daṅ/
saṃsvedajā	drod gśer las skyes pa daṅ/
upapādukā iti/	rdzus te skyes pa'o//
yonir nāma jātiḥ/	skye gnas ni skye ba'o//
aṇḍajā yoniḥ katamā	sgo ṅa las skyes pa gaṅ źe na/
ye satvā aṇḍebhyo jāyante	sems can gaṅ dag sgo ṅa las skye bar 'gyur ba'o//
tadyathā	de dag kyaṅ gaṅ źe na/
hansakrauñcamayūra-	ṅaṅ pa daṅ/ khruṅ khruṅ daṅ/ rma bya daṅ/
śukasārikā(*sic)*dayaḥ/	ne tso daṅ/ śa ri ka la sogs pa'o//
jarāyujā(22a4)yoniḥ katamā	mṅal nas skye ba gaṅ źe na/
ye satvā jarāyor jāyante/	sems can gaṅ dag mṅal nas skye ba ste/
tadyathā	de dag kyaṅ gaṅ źe na/
hastyaśva[go]mahiṣa-	glaṅ po daṅ/ rta daṅ/ ba laṅ daṅ/ ma he daṅ/
kharavarāhamanuṣyādayaḥ[5]/	boṅ bu daṅ/ phag daṅ/ mi la sogs pa'o//
saṃsvedajā yoniḥ katamā/	drod gśer las skyes pa gaṅ źe na/
ye satvā bhūtasa[ṃ]svedajas	sems can gaṅ dag 'byuṅ ba'i drod las [340]skyes pa ste/
tadyathā	de dag kyaṅ gaṅ źe na/
kṛmikīṭapataṅga-	srin bu daṅ/ phye ma leb daṅ/

5. Ms.: *rāṣyādayaḥ*.

maśakādayaḥ[6] [/]	mchu sbraṅ la sogs pa'o//
upapādukā yoniḥ kata(22a5)mā/	rdzus te skyes pa gaṅ źe na/
ye satvā	sems can gaṅ dag
avikalā	dbaṅ po ma tshaṅ ba med ciṅ
ahīnendriyāḥ	ma rdzogs pa med pa
sarvāṅgapratyaṅgopetāḥ	yan lag daṅ ñiṅ lag thams cad daṅ ldan par
sakṛd upajāyante/	cig car skyes pa ste/
tadyathā	de dag kyaṅ gaṅ źe na/
devanārakāntarābhava-	lha daṅ/ dmyal ba daṅ/ srid pa bar ma daṅ/
prāthamakalpikādayaḥ/	bskal pa daṅ po pa'i mi la sogs pa'o//
atrāha dvīpatraye [']pi manuṣyāḥ	'dir gsol pa/ gliṅ gsum pa'i mi rnams kyaṅ
prativasanti kim arthaṃ	so sor gnas pa ma lags sam/ ci'i slad du
cara(22a6)mabhavikā	skye ba gcig gis thogs pa'i
bodhisatvā mahāsatvās	byaṅ chub sems dpa' sems dpa' chen po
tuṣitavarabhuvanāt	dga' ldan gyi gnas mchog nas
tatra nāvataranti/	der 'jug par mi mdzad par
avaśyam evātra jambudvīpe	'dir ṅes pa kho nar 'dzam bu gliṅ du
avatīrya manuṣyāṇāṃ	'jug ciṅ mi rnams la
dharman deśayanti/	chos ston pa'i
kāraṇam atra nirdeśatu	rgyu ñid bcom ldan 'das rdo rje slob dpon
bhagavān vajraguruḥ śāstā/	ston pas bśad du gsol/

6. Ms.: *masakādayaḥ*.

vajraguru(22a7)r āha/	rdo rje slob dpon gyis smras pa/
pūrvavidehe/	śar gyi lus 'phags daṅ/
aparagodānīye/	nub kyi ba laṅ spyod daṅ/
uttarakurau manuṣyā	byaṅ gi sgra mi sñan gyi mi rnams
mahābhogasamvarttanīyāḥ/	loṅs spyod chen po daṅ ldan te/
kin tu dhandhā jaḍā	de lta mod kyi blun źiṅ rmoṅs pas
avivekacāriṇaḥ/	mi spyod ciṅ mi 'byed do//

ayaṃ tu jambudvīpakarmabhūmiḥ/	'dzam bu'i gliṅ pa 'di ni las kyi sa[7] pa yin te/
tena sukṛtaduḥkṛtānāṃ	de ni legs par spyad pa daṅ/ ñes par spyad pas
uttamamadhya(22a8)mādhamānāṃ	chog daṅ 'briṅ daṅ tha ma'i
satvānāṃ karmaphala-	sems can rnams su las kyi 'bras bu
vipāko 'tra[8] dṛśyate/	rnam par smin pas 'dir snaṅ bar 'gyur ro//

tathāpy atra jambudvīpe manuṣyāḥ	'di lta ste 'dzam bu'i gliṅ pa'i mi rnams
śaṭha[9] kapaṭamada-	g-yo daṅ/ sgyu daṅ/ dregs pa daṅ/
mātsaryaduṣṭāśayā	phrag dog daṅ gdug pa'i bsam pas
jarāvyādhiparipīḍitāḥ/	rims nad la sogs pas yoṅs su gzir bar 'gyur ro//

kintu dyotitajñās	on kyaṅ mgo smos pas go ba daṅ/
tīkṣṇendriyāḥ/ paṭujātīyāḥ/	dbaṅ po rno źiṅ sgrin pa ste/
te(22a9)na bodhisatvā	des na byaṅ chub sems dpa' rnams

7. bsTan 'gyur: *las kyis*.

8. Ms.: *atra*.

9. Ms.: *manuṣyās saṭha*.

jambudvīpe[ ]	'dzam bu'i gliṅ gi skye ba'i gnas kyi[10]
janapadeṣūpapadya	dbus su sku 'khruṅs śiṅ
dharman deśayanti/	chos ston par 'gyur ro//
ata āha/	de'i phyir gsuṅs pa/
manuṣyalābhaḥ prathaman nidhānaṃ/	mi ru [341]'khruṅs pa ṅes tshul daṅ po ste/
niṣkrāntalābho dvitīyan nidhānaṃ/	rab tu byuṅ ba tshul ni gñis pa'o/
pravrajyalābhas tṛtīyaṃ nidhānaṃ/	'dul ba sruṅ ba tshul chen gsum pa ste/
samādhilābhaś {ca} caturthan nidhānaṃ	tiṅ 'dzin brñes pa tshul chen bźi pa yin/
iti/	źes bya ba
asādhāraṇagu(22a10)hya-	thun moṅ ma yin pa'i gsaṅ ba źes bya ba'i
mahāyogatantre [']py āha/	rnal 'byor chen po'i rgyud las gsuṅs pas
atītānāgatapratyutpanna	'das pa daṅ ma 'oṅs pa daṅ da ltar byuṅ ba'i
[sarva]buddhā manuṣyātmabhāve	saṅs rgyas thams cad mi'i bdag ñid kyi
sthitvā	srid par źugs te
sarvajñasiddhipadaṃ	thams cad mkhyen pa'i dṅos grub kyi go 'phaṅ
āpnuvantīti/	brñes pa daṅ ldan par 'gyur ro//
ataḥ kāraṇān manuṣyāṇām	rgyu des na 'dir mi'i srid pa'i
utpattikramo nirdiśyate/	skye ba'i rim pa bstan to//
prāthamikakalpikā manuṣyās	de la bskal pa daṅ po pa'i mi rnams
sarvabuddhaguṇālaṃkṛta(22b1)	saṅs rgyas kyi yon tan thams cad kyis
rūpiṇo manomayāḥ/	brgyan ciṅ yid kyi raṅ bźin gyi lus can

10. bsTan 'gyur: *kyis*.

sarvāṅgapratyaṅgopetā	yan lag daṅ ñiṅ lag thams cad kyis mtshan pa/
avikalā	dbaṅ po ma tshaṅ ba med ciṅ
ahīnendriyāḥ/	ma rdzogs pa med pa/
śubhavarṇṇakāyinaḥ svayamprabhā	kha dog gsal ba'i lus can/
ākāśagāminā	mthus nam mkhar 'gro ba/
dīrghāyuṣaḥ	tshe riṅ źiṅ
prītyāhārā jñānamūrttayas	dga' ba la spyod pa/ ye śes kyi lus can yin yaṅ
te māyopamasamādhiṃ	de rnams kyis sgyu ma lta bu'i tiṅ ṅe 'dzin
na prajānanti/	mi śes śiṅ
aprajānanto 'nādikālān	ma śes pas na thog ma med pa'i dus nas
ajñānavāsanāpraba(22b2)ndhabalāt	mi śes pa'i bag chags kyi gyun gyi stobs las
krameṇa svacittodbhūtaiḥ	rim gyis raṅ gi sems las byuṅ ba'i
karmakleśair	las daṅ ñon moṅs pa rnams kyis
abhibhūyante	mṅon par zil gyis mnan par 'gyur ro//

tatas te manomayakāyam	de nas de dag gis yid kyi raṅ bźin gyi lus
avahāya kleśaprabandhānukrameṇa	spaṅs te/ ñon moṅs pa'i rgyun gyi rim gyis
prākṛtamanuṣyātmabhāvaṃ	tha mal pa'i mi'i bdag ñid kyi dṅos por
parigṛhṇanti	yoṅs su 'dzin to//

evaṃ svacittavakraḥ[11]	de lta bu'i thugs rdo rje
kalyāṇamitravirahitaḥ/	dge ba'i bśes gñen daṅ bral bas
svasvabhāvaṃ na jñātvā	raṅ gi raṅ bźin yoṅs su ma śes pas
satvanikāyāc cyutvā cyutvā	sems can gyi ris nas 'pho źiṅ/

---

11. Tib.: *thugs rdo rje* suggests *svacittavajraḥ* instead of *svacittavakraḥ*.

yāva(22b3)d āyanti sāmagrīn na labhate	ji srid du skye ba'i tshogs pa ma rñed pa
tāvat saptāhan	de srid du ñin źag bdun du
antarābhave tiṣṭhatīti	srid pa bar ma dor gnas so źes
niścayam āha/	ṅes par bśad do//

antarābhavasya kiṃ lakṣaṇam	srid pa bar ma'i raṅ bźin ji lta bu lags/
āha maraṇabhavasya/	smras pa/ 'chi ba'i srid pa daṅ
utpattibhavasya cāntare	skye ba'i srid [342]pa'i bar na
ya ātmabhāvo [']bhinirvarttate/	bdag gi ṅo bo mṅon par grub ciṅ
deśāntaropapattisaṃprāptaye so	yul gźan du skye ba grub pa de la
'ntarābhava i(22b4)ty ucyate/	srid pa bar ma źes bya'o//

sa tu paṭvindriyo bhavati/	de yaṅ dbaṅ po rno bar 'gyur te/
yathā caramabhaviko	ji ltar skye ba gcig gis thogs pa'i
bodhisatvaḥ saṃpūrṇṇayauvanaḥ	byaṅ chub sems dpa' mtshan thams cad daṅ
sarva{jña}lakṣaṇānuvyañjanaś ca	dpe byad daṅ laṅ tsho yoṅs su rdzogs pa
tathaivāntarābhavastho 'pi	de bźin du srid pa bar ma na gnas pa yaṅ
mātuḥ kukṣau praviśet/	ma'i rum du rab tu 'jug pa'o//

koṭīśatam cāsya dīpikānām[12]	bye ba brgya yaṅ 'di'i 'od kyi snaṅ bas
ābhāsate/	gsal bar byed do//

ya(22b5)thoktaṃ	ji skad du
bhadrapālipariprcchāsūtre/	bzaṅ skyoṅ gis źus pa'i mdo las gsuṅs te/

12. Ms.: *dvīpikānām.*

sa ca sopabhūtapuruṣaḥ	de yaṅ 'byuṅ ba chen po rnams
prahitvā[13]	rab tu spaṅs te
divyāṃ smṛtiṃ pratilabhate/	lha'i dran pa rab tu thob ciṅ
ṣaṭkāmāvacarān devān	'dod pa drug la spyod pa'i lha
paśyati/	mthoṅ ba daṅ
ṣoḍaśamahānirayān paśyati/	dmyal ba bcu drug mthoṅ ṅo//
sa ca samakaracaraṇam	de yaṅ rkaṅ pa daṅ lag pa ma tshaṅ ba med ciṅ
ātmabhāvaṃ paśyati/	raṅ gi ṅo bor snaṅ bar 'gyur ro//
evaṃ ca prajā(22b6)nāti/	'di ltar yaṅ bdag gi lus de daṅ de ni
idānīn taṃ madīyaṃ kalevaram iti/	'di yin no źes rab tu śes so//

ya{??}thoktaṃ	de yaṅ ji skad du
kośakārikāyāṃ/	mdzod kyi tshig le'ur byas pa las/

sa jātiśuddhadivyākṣa	sṅon dus srid pa'i śa tshugs can/
dṛśyaḥ karmarddhivegavān/	dbaṅ po kun tshaṅ thogs med ldan/
sakalākṣo 'pratighavān	las kyi rdzu 'phrul śugs daṅ ldan/
anivarttyas sa gandhabhug(3-14)	ris mthun lha mig dag pas mthoṅ/
iti//	źes gsuṅs pa'o//

anenotpattikrama-	'dis bskyed pa'i rim pa
bhāvakā(22b7)nāṃ	sgom par byed pa rnams kyis kyaṅ
yogānuyogakrameṇa	rnal 'byor daṅ rjes su rnal 'byor gyi rim pas
niṣpannadevatāmūrttir deśayati/	lha'i sku bskyed pa bstan te/

---

13. Ms.: *prahvatau.*

yathā caramabhaviko	ji ltar skye ba gcig gis thogs pa'i
bodhisatvo mahāsatvas	byaṅ chub sems dpa' sems dpa' chen pos
saṃbhogakāyena manuṣyāṇām	loṅs spyod rdzogs pa'i skus mi rnams kyi
arthaḥ kartun na śakyata iti kṛtvā	don mdzad par mi spyod pas
skandhadhātvāyatanā-	phuṅ po daṅ khams daṅ skye mched kyi
nupraveśena	rjes su źugs pas
nirmā(22b8)ṇakāyagrahaṇārtham	sprul pa'i sku 'dzin pa'i don du
garbbhāvakrāntim upadarśayati/	mṅal du 'jug pa ñe bar bstan pa
tathā 'ntarābhavastho 'pi	de bźin du srid pa bar ma na gnas pa yaṅ
saptāhātyajenā[14] nādi-	ñin źag bdun pa dor te/ thog ma med pa'i
svavikalpavāsanāprabandho-	raṅ gi rnam par rtog pa'i bag chags las
dbhūtakarmaṇā saṃcodite saty	byuṅ ba'i las kyis yaṅ dag par bskul te
utpattiṃ gṛhṇāty anena krameṇa/	rim pa 'dis skye ba len to//
tatrāyaṃ kramaḥ/	de la rim pa ni 'di yin [343]te/
prāthamakalpi(22b9)kānāṃ manuṣyāṇāṃ/	daṅ po'i bskal pa'i mi rnams
amṛtam āhāramāṇānāṃ yāvat	bdud rtsi za ba nas ji srid du
kavaḍīkārāhāra[15] paryante	'bras chan za ba yan chad kyis
kharatvaṃ gurutvaṃ kāye [']vakrāntaṃ/	lus sra ba daṅ lci ba ñid kyis non te/
prabhā 'ntarhitā/	'od mi snaṅ bar 'gyur ro//
tato 'ndhakāre(*sic*) utpanne	de'i 'og tu mun pa skyes pas
sūryācandramasau loke	ñi ma daṅ zla ba dag 'jig rten du
prādurbhūtau/	rab tu byuṅ ba'o//

14. Ms.: *tyajyanā.*

15. Ms.: *kavalikārāhāra.*

tata[ḥ] prajñopāyavibhāga-	de nas thabs daṅ śes rab kyi rnam par dbye ba
darśanārthaṃ teṣāṃ	bstan pa'i ched du de dag gi
strīpuruṣendri(22b10)ye prādurbhūte	pho daṅ mo'i dbaṅ po rab tu dod ciṅ
saṃsthānaṃ ca bhinnan[16] teṣām	dbyibs tha dad ciṅ/ de dag sṅon
anyonyaṃ paśyatāṃ pūrvābhyāsavaśād	goms pa'i dbaṅ gis gcig la gcig lta źiṅ
anyonyarāgacittam utpannaṃ/	phan tshun du chags pa'i sems skye'o//

yato vipratipannāḥ/ tad	gaṅ gi phyir log par źugs pa de nas
ārabhya strīpuruṣa iti saṃjñāntaram	brtsams te pho daṅ mo źes bya ba'i miṅ du
adyāpi loke pravarttate/	'jig rten du grags so//

tatas sa {?} gandharvasatvas	de nas dri za ñe bar 'khor ba'i sems can
trayāṇāṃ sthānā(23a1)nāṃ	gnas skabs gsum
saṃmukhībhāvān mātuḥ kukṣau {sa}	ñe bar gyur pas ma'i rum du
garbbhasyāvakrānto bhavati/	mṅal du 'jug par 'gyur te/
mātā kalyā bhavati ṛtumatī/	mo nad med pa daṅ/ khrag daṅ ldan pa daṅ/
mātāpitarau raktau bhavataḥ/	ma daṅ pha rjes su chags par 'gyur ba'o//

tatas tayor anyonyam anurāgaṇa-	de nas de dag phan tshun rjes su chags pas
vajrādhiṣṭhānenāliṅgana-	rdo rje sbyin gyis brlabs nas 'khyud pa daṅ
cumbanādikriyayā dvayendriya-	'o bya ba la sogs pa'i bya bas dbaṅ po gñis
samāpattiṃ dṛṣṭvā {kā}(23a2)	mñam par sbyor ba mthoṅ bas 'dod pa

16. Ms.: *cābhinnan.*

kāmopadānāyā[17]ntarābhavaṃ hitvā	ñe bar len pa'i phyir srid pa bar ma spaṅs te
aśvārohaṇavad vijñānādhipatiś	rta źon pa bźin rnam par śes pa'i bdag po
cittavajro vāyuvāhana-	thugs rdo rje rluṅ gi bźon pa la
samārūḍhaś śīghrataram āgatya	yaṅ dag par źon nas śin tu myur bar 'oṅ źiṅ
kṣaṇalavamuhūrttam	skad cig thaṅ cig gam yud tsam gyis
āveśajñānasatva iva vairocana-	ye śes sems dpa' ltar rnam par snaṅ mdzad kyi
dvāreṇa praviśya jñānabhūmiṃ prāpya	sgo nas źugs te/ ye śes kyi sa thob nas
upāyajñānena	thabs kyi ye śes daṅ
sahādvayībhū(23a3)ya	lhan cig gñis su med par gyur nas
niratiśayaprītyākṣiptahṛdayaḥ/	śin tu dga' bar chud pa'i sñiṅ po yin te/
taṃtroktasarvatathāgatā-	rgyud las de bźin gśegs pa thams cad
bhibhavanasamādhi-	zil gyis gnon pa'i tiṅ ṅe 'dzin
nyāyena prajñāsūtrokta	gsuṅs pa'i rigs pa daṅ/ śes rab kyi mdo las
	gñis ka mchog tu dga' ba'i bde bas
dvāsaptatināḍīsahasraṃ	tshim par byas pas rtsa stoṅ phrag bdun cu
saṃcodya	rtsa gñis yaṅ dag par bskul te/
ubhāv api paramānandasukhena	gñi ga'aṅ [344]mchog tu dga' ba'i bde bas
toṣayitvā	tshim par bya'o//
ālikālikāv ekībhūya	āli daṅ kāli rnams gcig tu gyur nas
sūkṣmadhā(23a4)tvaya? praviśan	khams phra ba la źugs pas śes rab daṅ/
prajñājñānaraśmyudayād ubhāv api	ye śes kyi 'od zer śar bas gñi ga yaṅ
drāvayitvā śukraśoṇitābhyāṃ	źu bar gyur te khu ba daṅ khrag
sanmiśrībhūya yonimadhye	yaṅ dag par 'dres nas skye gnas kyi dbus su

17. Ms: *kāmopadānāya*.

bindurūpeṇa patitaḥ/	thig le'i gzugs su babs so
	źes gsuṅs so//
imam arthaṃ dyota[ya]n āha	'di'i don gsal bar gsuṅs pa/
mūlatantre	rtsa ba'i rgyud las/
sarvatathāgatakāyavākcittahṛdaya-	de bźin gśegs pa thams cad kyi sku daṅ
vajra{yoyoyoyoyo}yoṣi(23a5)dbhageṣu	gsuṅ daṅ thugs rdo rje'i btsun mo'i bha ga la
vijahāreti/	bźugs so źes gsuṅs so//
tataḥ krameṇa varddhate/	de'i 'og tu rim gyis 'phel te/
prathamaṃ kalalākāraṃ/	daṅ por mer mer po'i rnam pa'o//
kalalāj jāyate 'rbudaṃ/	mer mer po las lhar lhar por 'gyur/
arbudāj jāyate peśī	lhar lhar po las gor gor po'o//
peśīto jāyate ghaṇaṃ/	gor gor po las mkhraṅ gyur/
ghaṇāt punar vāyunā preryamāṇāḥ	mkhraṅ gyur la yaṅ rluṅ gis bskul te/
praśākhāḥ paṃcavidha-	des rkaṅ lag 'gyus te gnas skabs lṅa
sphoṭakākārāḥ pra(23a6)jāyante/	gsal bar 'gyur ro//
tataḥ keśaromanakhādaya	de'i 'og tu skra daṅ/ ba spu[18] daṅ/ sen mo
indriyāṇi rūpāṇi	la sogs pa daṅ/ dbaṅ po rnams daṅ/ gzugs
vyañjanāny anupūrvaśa iti/	daṅ mtshan ma rnams rim gyis skye'o//
sa ca paṃcatathāgatādhiṣṭhānād	de yaṅ de bźin gśegs pa lṅas byin gyis
bījāvasthām	brlabs pa las sa bon gyi gnas skabs nas
ārabhya paṃcākāropajāyate[/]	brtsams te gnas skabs lṅa ṅes par skye'o//

---

18. bsTan 'gyur: *kha spu*.

atra kalalam akṣobhyasya	de la mer mer po ni mi bskyod pa'o//
arbudaṃ ratnasaṃbhavasya	lhar lhar po ni rin chen 'byuṅ ldan gyi'o//
(23a7)peśī amitābhasya/	gor gor po ni 'od dpag med kyi'o//
ghaṇo 'moghasiddheḥ/	mkhraṅ gyur ni don yod grub pa'i'o//
praśākhā vairocanasyā-	rkaṅ lag 'gyus pa ni rnam par snaṅ mdzad
dhiṣṭhānam iti/	kyis byin gyis brlabs pa'o//

mahāraktasyāpi paṃcākāraṃ	khrag gi yaṅ gnas skabs lṅar
darśayati/	bstan par bya ste/
tatra dravam akṣobhyasya	de la źu ba ni mi bskyod pa'o//
raktaṃ amitābhasya	dmar po ni 'od dpag med kyi'o//
peśī ratnasaṃbhavasya/	gor gor po ni rin chen 'byuṅ ldan gyi'o//
ghaṇam amoghasiddheḥ	mkhraṅ gyur ni don yod par grub pa'o//
(23a8)sammiśraṃ	yaṅ dag par 'dres pa ni rnam par
vairocanasyādhiṣṭhānam iti/	snaṅ mdzad kyis byin gyis brlags pa'o//

dvau nāḍī yonimadhye tu	de yaṅ/ skye gnas dbus kyi rtsa gñis ni/
vāmadakṣiṇayos tathā/	g-yas [345]daṅ g-yon na de bźin gnas//
vāme śukram vijānīyād	g-yon na khu ba śes par bya//
dakṣiṇe raktam eva ca/	g-yas pa na ni khrag ñid de//
tayor mīlanam ekatvaṃ	de dag gcig tu 'dres pa ñid//
dharmadhātau svasaṃgraha	chos kyi dbyiṅs su bsdus pa yin//
iti//	źes gsuṅs so//

atas tasya khalu kālāntareṇa	de ltar na mer mer po la sogs pas

bījāṅkura(23a9)vat/	sa bon daṅ myu gu bźin
paripākaprāptasya	yoṅs su smin pa thob ste/
garbbhaśalyasyābhyantare	mṅal gyi snod kyi naṅ du
mātuḥ kukṣau karmavipākajā	las kyi rnam par smin pa las skyes pa'i
vāyavo vānti/	rluṅ rgyu ba
ye ga{gha}rbbhaśalyaṃ	gaṅ dag gis mṅal gyi snod yoṅs su bsgyur
saṃparivarttya mātuś ca kukṣau	nas ma'i rum nas chos kyi 'byuṅ gnas kyi
dharmodayadvārābhimukho[19]	sgor mṅon par phyogs śiṅ
'vasthāpayanti/	gnas par 'gyur ro//
sacet punsān bhavati	de yaṅ pho źig yin na
mātur dakṣiṇakukṣim āśritya	ma'i rum gyi g-yas su brten ciṅ
pṛṣṭhā(23b1)bhimukhaḥ/	rgyab tu mṅon par bltas te
utkuṭukas saṃbhavati/	tsog tsog por gnas so//
atha strī tato vāmaṃ kukṣim	gal te mo źig na de'i phyir mṅal gyi g-yon du
āśritya udarābhimukhībhavati/	brten te lte bar mṅon par bltas te gnas so//
tato daśānāṃ[20] māsānām ante	de'i 'og tu zla ba bcu'i tha mar
mūlasūtrokta-	rtsa ba'i rgyud las gsuṅs pa'i
samayodbhavavajrasamādhipradarśanāya	dam tshig 'byuṅ ba'i rdo rje'i tiṅ ṅe 'dzin la
mātur ggarbbhāt	yaṅ dag par bstan pa'i rim pas ma'i mṅal nas
pracyuto 'bhūd iti/	'thon par gyur te/
atas sa{rya} gandharvasatvo	de'i phyir dri za ñe bar 'khor gyi sems can

---

19. Ms.: *abhimukhaḥ/.*

20. Ms.: *da{??}nāṃ.*

māṃsaca(23b2)kṣuṣā dṛśyatāṅgataḥ/	śa'i mig gi yul du gyur to//
ataś cāha mūlasūtre/	de ltar rtsa ba'i rgyud las gsuṅs te/
bha{va}gavān bodhicittavajras	bcom ldan 'das de bźin gśegs pa
tathāgatas trimukhākāreṇa	byaṅ chub kyi sems rdo rje źal gsum pa
sarvatathāgatais	lta bur de bźin gśegs pa thams cad kyis
saṃdṛśyate smeti/	yaṅ dag par gzigs par gyur to
	źes gsuṅs so//
atrāha/ abdhātuḥ paitṛko jñeyas	'dir gsuṅs pa/ chu'i khams ni pha yin te//
tejodhātuś ca mātṛkaḥ/	me yi khams ni ma źes bya//
tvagmānsaś ca raktañ ca	pags pa śa daṅ khrag rnams ni//
mātṛka ity ucyate/	ma źes su ni bstan pa yin//
snā(23b3)yur majjā{??} śukraṃ ca	rus pa rkaṅ daṅ khu ba rnams//
paitṛka iti kathyate/	pha źes su yaṅ bstan pa yin//
etan mātrāṇy uktāni	de tsam źig tu bstan pa yin//
piṇḍasya saṃgrahāṇi ca/	lus kyi goṅ bu bsdus pa'o//
rūpavedanāsaṃjñā-	gzugs daṅ tshor ba 'du śes daṅ//
saṃskārāvijñānam eva ca/	'du byed rnam par śes pa ñid//
paṃcabuddhamayaṃ viśvaṃ	phuṅ po la sogs saṅs rgyas lṅa'i//
skandhādyā iti kathyate/	raṅ bźin dṅos źes bstan pa yin//
ity uktaṃ bhagavatā caturdevī	źes bcom ldan 'das kyis [346]lha mo bźis
(23b4)paripṛcchāmahāyogatantre/	źus pa'i rnal 'byor chen po'i rgyud las
	gsuṅs so//
iyatā granthena caturyoganiṣpanno	gźuṅ 'dis rnal 'byor bźi las bsgrubs pa ni

[']ham iti maṃtriṇā dārpyam	bdag yin no źes sṅags pas ṅa rgyal
utpādayitavyam iti//	bskyed par bya'o źes bstan to//

{dvitīyanyāśa(*sic*)deśanā paricchedaḥ//}

[tathotpattikramavyavasthā	rnam par dgod pa bstan pa'i
prathamaḥ paricchedaḥ//1//][21]	rim par phye ba ste daṅ po'o// //

2-1. lus rten gyi dkyil khor du bsgom pa

idānīṃ	da ni rnam par gźag pa'i rim pa
vyavastholitṛtīyopadeśam āha/	gñis pa ñe bar bstan pa'i phyir
pra(23b5)thamaṃ tāvat	daṅ po kho nar sku'i dkyil 'khor
kāyamaṇḍalaṃ vyavasthāpyate/	rnam par bśad par bya ste/
brahmasūtraṃ samārabhya	tshaṅs pa'i thig nas yaṅ dag brtsam/
caturasram(*sic*) vibhāgataḥ/	gru bźi pa ru rnam par dbye/
kūṭāgāram ivābhāti	gźal yas khaṅ ltar snaṅ ba yis/
yogināṃ dehalakṣaṇaṃ/	rnal 'byor pa yi sku dkyil 'khor/
	de skad du/
bhago maṇḍalam ity āha/	bha ga'i dkyil 'khor źes bya daṅ/
bodhicittaṃ ca maṇḍalaṃ/	byaṅ chub sems kyi dkyil 'khor daṅ/
deho maṇḍalam ity uktam	dkyil 'khor lus su gsuṅs pa ste/
(23b6)tridhā maṇḍalakalpaneti/	dkyil 'khor rnam pa gsum du brtags/
samājottare vacanāt/	źes 'dus pa'i rgyud phyi ma las gsuṅs so/

---

21. This line is inserted from the margin of fol.22a.

2-2. brten pa'i dkyil 'khor du sgom pa'i rgyu 'bras bstan pa

2-2-1. phuṅ po la rigs lṅa dgod pa'i rgyu 'bras bstan pa

evaṃ bhūte	de ltar gyur pa'i
svakāyamaṇḍale	raṅ gi lus kyi dkyil 'khor la
skandhadhātvāyatanasvabhāvena	phuṅ po daṅ khams daṅ skye mched kyi
vinyastadevatānāṃ	raṅ bźin gyis lha rnams dgod pa'i
kāryakāraṇabhāvam āha/	rgyu daṅ 'bras bu gsuṅs pa/
tatra rūpaskandhe	de la gzugs kyi phuṅ po ni
vairocanaḥ/	rnam par snaṅ mdzad/
vedanāskandhe	tshor ba'i phuṅ po ni
ratnasaṃ(23b7)bhavaḥ/	rin chen 'byuṅ ldan/
saṃjñā amitābhaḥ/	'du śes kyi phuṅ po ni 'od dpag med/
saṃskāro 'moghasiddhiḥ/	'du byed kyi phuṅ po ni don yod grub pa/
vijñānam akṣobhyaḥ/	rnam par śes pa ni mi bskyod pa'o/
ata āha mūlasūtre/	de'i phyir rtsa ba'i rgyud las/
(23b10)paṃcaskandhās samāsena	mdor na phuṅ po lṅa rnams ni/
paṃcabuddhāḥ prakīrtitāḥ/	saṅs rgyas lṅa ru rab tug bsgrags/
	źes gsuṅs so/
ataḥ skandhānāṃ svalakṣaṇaṃ	des na phuṅ po lṅa la sogs pa'i mtshan ñid
jñātvā	śes par bya ste/
paṃcatathāgatavinyāśāt(*sic*)	de bźin gśegs pa lṅa dgod pa las/
pañcaskandhā bodhihetukā bhavanti	phuṅ po lṅa byaṅ chub kyi rgyur 'gyur te/

yathoktaṃ mūlasūtre[22]	ji skad du rtsa ba'i rgyud las/
(23b7)dveṣo mohas tathā rāgaś	gti mug źe sdaṅ chags pa daṅ/
cintāmaṇisamayās tathā/	yid bźin nor bu dam tshig rnams/
kulā hy ete tu vai paṃca	de [347]ltar rigs ni lṅa ñid de/
kāmamokṣaprasādhakā	'dod daṅ thar pa rab sgrub byed/
i(23b8)ti//	ces gsuṅs so//

2-2-2. khams la yum bźi dgod pa'i rgyu 'bras bstan pa

devatīnāṃ vyavasthām āha/	lha mo rnams rnam par gźag pa gsuṅs pa/
moharatir locanā/	gti mug dga' ma spyan ma ni
pṛthivīdhātuḥ/	sa'i khams so/
dveṣaratir māmakī	źe sdaṅ dga' ma mā ma kī ni
abdhātuḥ/	chu'i khams so/
rāgaratiḥ pāṇḍaravāsinī	'dod chags dga' ma gos dkar mo ni
tejodhātuḥ/	me'i khams so/
vajraratis tārā	rdo rje dga' ma sgrol ma ni
vāyudhātuḥ/	rluṅ gi khams so/
imam arthaṃ dyotayann[23]	don de ñid gsal bar bya ba'i phyir
āha mūlasūtre/	rtsa ba'i rgyud las/
pṛthivī locanā (23b9)khyātā/	sa yi khams ni spyan mar bśad/
abdhātur māmakī smṛtā/	chu yi khams ni mā ma kī/
tejaś ca pāṇḍarā khyātā/	me ni gos dkar mor bśad de/

22. Inserted from the margin.

23. Ms.: *dyotayaṃn.*

vāyus tārā prakīrttitā	rluṅ ni sgrol mar rab tu grags/
iti/	źes gsuṅs so//
eṣāṃ dhātūnām api	de ltar khams rnams kyi yaṅ
svalakṣaṇaṃ jñātvā	raṅ gi mtshan ñid śes par bya ste/
devatīvinyāśā(*sic*)d dhātavo	lha mo rnams bkod pas khams rnams kyis
buddhatvadāyakā bhavanti/	saṅs rgyas ñid stsol bar 'gyur ro/

2-2-3. dbaṅ po daṅ tshigs daṅ rgyus pa la sems dpa' brgyad dgod pa'i rgyu 'bras bstan pa

cakṣurādyāyatana-	mig la sogs pa'i skye mched rnams la
vinyastabodhisatvānāṃ	byaṅ chub sems dpa' rnams dgod pa'i
hetu(24a1)phalam āha/	rgyu daṅ 'bras bu gsuṅs pa/
sa eva bhagavān cittavajraḥ/	bcom ldan 'das thugs rdo rje de ñid kyis
kṣitigarbbhasamādhinā	sa'i sñiṅ po'i tiṅ ṅe 'dzin
cakṣurindriye	mig gi dbaṅ po la
sthitvā rūpatrayaṃ	bkod pas gzugs gsum la
prabhāsvaratvena	'od gsal bas
nirūpya	thogs pa med pa'i
vajracakṣurindriyaṃ pradadāti/	rdo rje'i mig gi dbaṅ po stsol bar 'gyur ro/
evaṃ vajrapāṇiḥ	de bźin du phyag na rdo rje
śrotrendriye sthitvā	rna ba la bkod pas
śabdatrayaṃ tathaiva nirūpya	sgra gsum la de bźin du thogs pa med pa'i
vajraśrotrendriyaṃ	rdo rje'i rna ba'i dbaṅ po
pradadāti/	stsol bar 'gyur ro/
ākāśagarbbho	nam mkha'i sñiṅ po

ghrā(24a2)ṇendriye sthitvā	sna la bkod pas
trigandhaṃ nirūpya	dri gsum la thogs pa med pa'i
vajraghrāṇendriyaṃ pradadāti/	rdo rje sna'i dbaṅ po rab tu stsol lo/
lokeśvaro jihvendriye sthitvā	'jig rten dbaṅ phyug lce la bkod pas
trirasaṃ nirūpya	ro gsum la thogs pa med pa'i
vajrajihvendriyaṃ pradadāti/	rdo rje lce'i dbaṅ po rab tu ster ro/
bhagavān mañjuśrīḥ	bcom ldan 'das 'jam dpal
ṣaṭpravṛttivijñāne	'jug pa'i rnam par śes pa mtha' drug la
sthitvā jñānatrayaṃ nirūpya	bkod pas ye śes gsum la thogs pa med pa'i
paracittajñānābhijñāṃ	gźan gyi sems śes pa'i mṅon par śes pa
pradadāti[/]	rab tu stsol lo/
(24a3)bhagavān	bcom ldan 'das
sarvanivaraṇaviṣkambhī	sgrib pa rnam par sel ba
kāyendriye sthitvā	lus kyi dbaṅ po la bkod pas
nīvaraṇaṃ antarddhātūn	sgrib pa med par naṅ gi [348]khams rnams
parasparaṃ piṇḍīkṛtya	gcig la gcig bsdus te
jātiṃ praveśya vajrakāyam	skye ba la rab tu źugs nas rdo rje'i sku
āpādayati/	rab tu bsgrub par 'gyur ro/
bhagavān samantabhadras	bcom ldan 'das kun tu bzaṅ po
samantatas sandhisthāne sthitvā	rab tu tshigs thams cad la bkod pas
prabhāśvaraṃ(*sic*) sandhiṃ	'od gsal du tshigs thams cad
pradadāti(24a4){??}/	gzigs par 'gyur ro/
bhagavān maitreyaḥ	bcom ldan 'das byams pa
snāyusvabhāvena sthitvā	rgyus pa'i raṅ bźin la bkod pas
snāyubhir baddhvā	rgyus pa'i raṅ bźin

prabhāśva(*sic*)raṃ praveśayati/	'od gsal bar rab tu 'jug go/

2-2-4. yul la sems ma lṅa dgod pa'i rgyu 'bras bstan pa

sa eva bhagavān	bcom ldan 'das de ñid
rūpatrayākāreṇa	gzugs gsum gyi rnam pas
bāhyavad avabhāsya	phyi rol lta bur snaṅ bas
cakṣurindriyasukha-	mig gi dbaṅ po la bde ba
pradānād rūpavajrā/	stsol ba'i gzugs rdo rje'o/
evaṃ śabdavajrādīnām apy	de ltar sgra rdo rje la sogs pa rnams kyaṅ
ava(24a5)gantavyaṃ//	khoṅ du chud par bya'o/
	ji skad du/
sarvayogo hi bhagavān	rnal byor thams cad bcom ldan 'das/
vajrasattvas tathāgataḥ/	rdo rje sems dpa' de bźin gśegs/
tasyopabhogaṃ samastaṃ vai	khams gsum pa ni ma lus kun/
traidhātukam aśeṣata iti	de yi ñe bar loṅs spyod ñid/
samvare vacanāt/	ces bde mchog las gsuṅs te
anena devatīnyāsena	'dis lha mo rnams dgod pa'i
svabhāvaparijñānena ca	raṅ bźin yoṅs su śes pas
viṣayaviśuddhim āpādayati	yul rnam par dag pa bsgrub par 'gyur ro/
(24a6)imam arthaṃ dyotayann	don 'di ñid gsal bar
āha mūlasūtre/	rtsa ba'i rgyud las/
vajra-āyatanāny eva	rdo rje skye mched ñid dag kyaṅ/
bodhisattvāgramaṇḍala	byaṅ chub sems dpa'i dkyil 'khor mchog/
iti/	ces pa daṅ/
rūpaśabdādibhir mantrī	gzugs sgra dri ro sṅags pa yis/

devatāṃ bhāvayet sade	lha rnams su ni rtag par bsgom/
ti//	źes gsuṅs pas so/

2-2-5. yan lag rnams la khro bo bcu dgod pa'i rgyu 'bras bstan pa

avayave vinyastakrodhānāṃ	yan lag thams cad la khro bo rnams
kāryakāraṇam āha/	bkod pa'i rgyu daṅ 'bras bu gsuṅs pa/
yamāntakas savyabhuje	lag pa g'yas la gśin rje gśed/
apa(24a7)savye 'parājitaḥ/[24]	g'yon la gźan gyis mi thub pa/
hayagrīvo mukhe bhāvyo	kha yi padmar rta mgrin bsam/
vajre cāmṛtakuṇḍaliḥ/	rdo rjer bdud rtsi 'khyil pa ste/
acalaṃ dakṣiṇe bāhau	dpuṅ pa g'yas par mi g'yo ba/
vāme ca ṭakkirājakaṃ/	g'yon par 'dod pa'i rgyal po'o/
jānau ca dakṣiṇe cintayen	pus mo g'yas par bsam bya ba/
nīladaṇḍaṃ maho[j]jvalam/	dbyug pa sṅon po 'bar chen po/
vāme jānau mahābalaṃ	pus mo g'yon la stobs po che/
mūrdhni co(24a8)ṣṇīṣacakriṇaṃ/	spyi bor gtsug tor 'khor los sgyur/
pādāntadvayavinyastaṃ	rkaṅ mthil gñis su bsam bya ba/
sumbharājaṃ vicintayed iti//	gnod mdzes rgyal po rnam par bsam/
ete daśakrodharājānaḥ	khro bo'i rgyal po 'di dag ni
sādhakasyāvayave vinyastā	[349]sgrub pa po'i yan lag la bkod pas
anābhogenaiva	'bad pa med par
trimukhaṣaḍbhujākāreṇa	źal gsum phyag drug pa'i
kāyamaṇḍalād	rnam pa lta bu ñid kyi sku'i dkyil 'khor las

24. Ms.: {?}*parājitaḥ/.*

vinirggatya daśadigvighnagaṇā[n]	byuṅ nas phyogs bcu'i bgegs kyi tshogs la
tarjayanti//	bsdigs par mdzad do/
ata āha mū(24a9)lasūtre/	'dir rtsa ba'i rgyud las/
krodhā dveṣālaye jātā	khro bo źe sdaṅ gnas las skyes/
nityaṃ māraṇatatparāḥ/	rtag tu gsod la brtson pa ste/
sidhyanti māraṇārthena	gsod pa'i don gyis 'grub par 'gyur/
sādhakāgradharmiṇa	sgrub pa'i mchog la chos can yin/
iti//	źes gsuṅs so/
kāyamaṇḍalavyavasthā	sku'i dkyil 'khor rnam par gźag pa'i
tṛtīyaḥ(*sic*) paricchedaḥ// //	rim par phye ba ste gñis pa'o/

3-1. phyuṅ ba'i dkyil 'khor dṅos

3-1-1. sku'i dkyil 'khor las phyuṅ ba'i dkyil 'khor bskyed tshul

kāyamaṇḍalavinyastadevatānāṃ	sku'i dkyil 'khor la lha rnams dgod pa'i
hetuñ ca phalam adhigato mantrī	rgyu daṅ 'bras bu rtogs pa'i sṅags pas
parā(24b1)rthasaṃpattaye	gźan gyi don bsgrub pa'i phyir
kāyamaṇḍalād utsarggamṇḍalaṃ	sku'i dkyil 'khor las phyuṅ ba'i dkyil 'khor
nirmmiṇoty anena krameṇa/	rim pa 'dis sprul par bya ste/
tatrāyaṃ kramaḥ/	de'i rim pa ni 'di yin te/
manasā svakulāṅganāṃ visphārya/	sems las raṅ gi rigs kyi bu mo spro ba'am/
atha vā bāhyāṅganām ādāya	yaṅ na phyi rol gyi bu mo blaṅs la
sādhanoktakrameṇa	sgrub thabs las gsuṅs pa'i rim pas
dvayendriyasamāpattiṃ kṛtvā	dbaṅ po gñis mñam par sbyor ba byas te/
bodhicittād	sṅon du gsuṅs pa'i rim pas

{yathaikavimānāddhaṃ}[25]

pūrvoktakrameṇa	gźal yas khaṅ bsgrubs la
kūṭā(24b2)gāraṃ niṣpādya	byaṅ chub kyi sems las sgrub ciṅ
vajradhṛg ityādimaṃtraṃ	vajradhṛk ces bya ba la sogs pa'i sṅags
uccārya	brjod de
samastadevatācakraṃ sṛjed iti/	lha thams cad kyi 'khor lo spro bar bya'o//

3-1-2 'byin pa'i sṅags kyi don bśad pa

utsarggamaṃtravyavasthām	phyuṅ ba'i dkyil 'khor ba'i sṅags
āha/	bstan par bya ste/
paṃcākārābhisambodhi-	mṅon par byaṅ chub pa rnam pa lṅa
śūcakaṃ vajraṃ	ston pa'i rdo rje
dhārayatīti vajradhṛk/	bsnams pas na rdo rje 'chaṅ ṅo//
anena dveṣakleśam	'dis ñon moṅs pa źe sdaṅ
viśodhya	rnam par sbyaṅs nas
punar āgatya mahāvajradhareṇa	slar byon te rdo rje 'chaṅ chen po daṅ
sahā{??}dva(24b3)yībhūya	gñis su med par gyur te/
saṃpuṭayogeṇa madhyamaṇḍale	kha sbyar gyi sbyor bas
akṣobhyarūpena vyavasthitaḥ/	mi bskyod pa'i gzugs kyis bźugs so//
evaṃ dvādaśākāra-	de bźin du rtsibs bcu gñis pa'i
dharmacakrāc	chos kyi 'khor los
caturmārān jayatīti	bdud bźi las rgyal bas na
jinajik/	rgyal ba'i rgyal ba'o//

25. This phrase, written in comparatively small letters, does not correspond with the Tibetan translation.

sarvāsā(*sic*)-	bsam pa thams cad
paripūrakaṃ ratnaṃ	yoṅs su rdzogs par byed pa'i
dhārayatīti	rin po che 'dzin pas na
ratnadhṛk/	rin chen[350] 'chaṅ ṅo//
ā samantāt	ā ni ma lus pa'o//
ro {la} iti(24b4) saṃsāraḥ/	ro ni 'khor ba ste
saṃsārāl lig gacchatīti	'khor ba las 'das śiṅ 'gro bas na
ārolik/	'khor 'das so//
pravicayalakṣaṇā	rnam par 'byed pa'i mtshan ñid ni
prajñā	śes rab ste/
tān dhārayatīti prajñādhṛk//	de 'dzin pas na śes rab 'chaṅ ṅo//
moho vairocanas	gti mug ni rnam par snag mdzad de/
tasmin ratir moharatiḥ/	de la dga' bas na gti mug dga' ma'o//
dveṣo 'kṣobhyas	źe sdaṅ ni mi bskyod pa ste/
tasmin ratir dveṣaratiḥ/	de la dga' bas na źe sdaṅ dga' ma'o//
rāgo 'mitābhas	'dod chags ni 'od dpag med do//
tasmin ra(24b5)tiḥ/ rāgaratiḥ/	de la dga' bas na 'dod chags dga' ma'o//
vajro 'moghas	rdo rje ni don yod par grub pa ste/
tasmin ratiḥ/ vajraratiḥ//	de la dga' bas na rdo rje dga' ma'o//
pṛthiv{y}ī-r-ivācalikasamādhis	sa ltar mi g'yo ba'i tiṅ ṅe 'dzin
sa eva garbbha	de ñid sñiṅ po ste/

ādhyātmo yasya	naṅ gi bdag ñid gaṅ la yod pa
sa kṣitigarbbhaḥ/	de ni sa'i sñiṅ po'o//
paṃcajñānasvabhāvaṃ vajraṃ	ye śes lṅa'i raṅ bźin gyi rdo rje
dhārayatīti vajrapāṇiḥ/	'chaṅ bar mdzad pas na phyag na rdo rje'o//
ākāśam anāvaraṇa(24b6)jñānam	nam mkha' ni sgrib pa daṅ bral ba'i ye śes te
sa eva garbbha ākāśagarbhaḥ/	de ñid sñiṅ po ste nam mkha' sñiṅ po'o//
samādhibalāl	tiṅ ṅe 'dzin gyi stobs kyis
lokānām īśvaro	'jig rten rnams dbaṅ du byed pas na
lokeśvaraḥ/	'jig rten dbaṅ phyug go//
prabhāśva(*sic*)rasamādher	'od gsal źiṅ yid du 'oṅ ba'i tiṅ ṅe 'dzin gyis
vyutthānān manojñaśrīr	bskul ba'i dpal yod pas na
mañjuśrīḥ/	'jam dpal lo/
nīvaraṇaṃ kleśaṃ	sgrib pa thams cad ni ñon moṅs pa rnams
māyopamasamādhibalād	sgyu ma lta bu'i tiṅ ṅe 'dzin gyi stobs kyis
viṣkambhayati stambhayatīti	mnan pas na
sarva(24b7)nivaraṇaviṣkambhī/	sgrib pa thams cad sel ba'o//
	kun nas mdzes pas na kun tu bzaṅ po'o//
apadadvipadacatuṣpadādisatveṣu	
maitryālakṣanatvena	byams pa'i yon tan gaṅ la yod pa ni
maitreyaḥ/	byams pa'o//
samantataś śobhano bhadras	
samantabhadraḥ/	
rūpyate pratibimbyate aneneti rūpaṃ/	blta bar bya bas na gzugs so//
śabdyata iti śabdaḥ/	mñam par bya bas na sgra'o//
ghrāyata iti gandhaḥ/	bsnam par bya bas na dri'o//

(24b8)rasyata iti rasaḥ/	myaṅ bar bya bas na ro'o//
spṛśyata iti sparśaḥ/	reg par bya bas na reg bya'o//
vajraśabdasānnidhyā	rdo rje'i sgra ni
tatsamādhinā	de dag gi tiṅ ṅe 'dzin gyis
rūpādīnām viśuddhiṃ kathayati//	gzugs la sogs pa rnam par dag pa bstan to//

yamo narakas	gśin rje ni dmyal ba ste
tasya sa bhagavān	de 'joms pa daṅ ldan pa'i phyir te/
mahākrodhasamādhinā	khro bo chen po'i tiṅ ṅe 'dzin gyis
'ntaṃ karotīti yamāntakṛt/	mthar byed pas na gśin rje mthar byed do//
prajñayā bandhānām	śes rab kyis 'chiṅ [351]ba rnams
antaṃ karotīti prajñāntakṛt/	mthar byed pas na śes rab mthar byed do//
padmadṛ(24b8)ṣṭāntena/	pa dma ltar
ca viśuddharāgāṇām antaṃ karotīti	'dod chags la sogs pa rnam par dag pas na
padmāntakṛt/	padma mthar byed do//
vighnāś caturmārās	bgegs ni bdud bźi ste
sa bhagavān	de 'joms pa daṅ ldan pas na
mahākrodhasamādhinā	khro bo chen po'i tiṅ ṅe 'dzin gyis
teṣām antaṃ karotīti	de rnams mthar byed pas na
vighnāntakṛt/	bgegs mthar byed do//

aṣṭalokācārān nityaṃ	'jig rten gyi chos brgyad kyis rtag tu
pracalitahṛdayānāṃ	sems rab tu bskyod pa rnams
vajropamasamādhinā	rdo rje lta bu'i tiṅ ṅe 'dzin gyis
nikṣiptiṃ karo(25a1)tīty acalaḥ/	mnan ciṅ bcom pas na mi g'yo ba'o//
ṭakkiḥ kāmaḥ/	ṭakki ni 'dod pa'i 'dod chags te/

rājyate dīpyate	de bsal bar byed ciṅ
viśudhyata iti	rnam par dag par byed pas na
ṭakkirājaḥ/	'dod pa'i rgyal po'o//
nīlaṃ	sṅon po ni
satvānāṃ pāpaṃ	sems can rnams kyi sdig pa'i las so/
daṇḍo nigrahaḥ ta[?]ṃ	dbyig pa ni de chad pas tshar gcod pa ste/
karotīti nīladaṇḍaḥ/	de byed pas na dbyig sṅon no//
paramārthasatyabalāt	don dam pa'i stobs kyis
satvānām upakleśaṃ	sems can rnams kyi ñe ba'i ñon moṅs pa
mardayatīti mahābalaḥ/	'joms par byed pas na stobs po che'o//
satvānāṃ traidhātuka{??}	sems can rnams la khams gsum las
(25a2)niḥ(*sic*)krāntajñānapradānād	rnam par sgrol ba'i ye śes stsol bas na
uṣṇīṣacakravartī/	gtsug tor 'khor los sgyur ba'o//
daśadigvighnagaṇān	phyogs bcu'i bgegs kyi tshogs
ānīya kīlanān nisumbhanān	ṅes par gkug nas phur bus 'debs pas na
nisumbharājaḥ// //	gnod mdzes rgyal po'o//

3-1-3. phyuṅ ba'i lhas phrin las mdzad nas raṅ gnas su 'khod pa

[34a7]<26b3>ime devā[26] dvātriṃśan	lha sum cu rtsa gñis po 'di dag gi
nirmmāṇakāyās trimukha-	sprul pa'i sku źal gsum
ṣaḍbhujākārā[27]	phyag drug pa
nānācihnamudrā-	mtshan ma'i phyag mtshan sna tshogs

---

26. Ms.K: *ddevā.*

27. Ms.K: *trimukhaḥ bhujākārā*; Ms.Ga, Gb: *trimukhaṣaḍbhujā.*

gṛhītāhastāḥ/[28]	phyag na bsnams pa rnams
bodhicittān	byaṅ chub kyi sems las
ma<26b4>ntraika[29]ni(25a3)rmmāṇād	sṅags kyi gzugs kyis sprul pa yaṅ
vā anābhogenaiva[30]	'bad pa med pa ñid kyis
sādhakasya[31] kāyamaṇḍalād	sgrub pa po'i lus kyi dkyil 'khor las
vinirgatya[32]	phyuṅ ste/
puṇyasambhāra-	bsod nams kyi tshogs
vṛddhyartham[33]	'phel bar bya ba'i don du
rāgadveṣamohādi-	'dod chags daṅ źe sdaṅ daṅ gti mug la
caritasatvā<26b5>[34a8]nāṃ	spyod pa'i sems can rnams kyi
tattatsamādhinā[34]	ñon moṅs pa'i sgrib pa rnams
kleśādyāvaraṇāni[35]	tiṅ ṅe 'dzin de daṅ des
viśodhya punar āgatya	sbyaṅs nas slar byon te
svakasvakīyeṣv[36] āsaneṣu niṣaṇṇā	raṅ raṅ gi stan la bźugs par
(25a4)abhūvann iti//	gyur to/

28. Ms.K: *gṛhitahastā*; Ms.Gb: *gṛhītahastā.*

29. Ms.K: *mantraiḥka.*

30. Ms.Ga: *dhāsvanābhogenaiva*; Ms.K: *nirmmāṇād vā anābhogenaiva.*

31. Ms.Gb: *sādhasya.*

32. Ms.K; Gb: *vinirggatya.*

33. Ms.K: *vṛddhyarthe.*

34. Ms.K: *ta*{tsa}*ttatsamādhinā*; Ms.Ga: *tatsamādhinā.*

35. Ms.Ga: *kleśāvaraṇaṃ.*

36. Ms.K: *svakasvakeṣv.*

3-1-4. de dag gi phyag mtshan daṅ sku mdog la sogs pa bstan pa

vajracakra-	rdo rje daṅ/ 'khor lo daṅ/
ratnapadmakhaḍga-	rin po che daṅ/ padma daṅ/ ral gri daṅ/
gha<27a1>ṇṭā yathāsaṃkhyaṃ	dril bu rnams graṅs bźin du
ṣaṭ tathāgatānāṃ	de bźin [352]gśegs pa drug gi
uktāni cihnāni/	mtshan mar gsuṅs te/
ta eva praharaṇākāreṇa dhāritāḥ/	de ñid ni mtshon cha lta bur bsnams so/
śāntipuṣṭyādikarmabhedād[37]	źi daṅ rgyas pa la sogs pa'i
varṇṇabhe[34a9]dena	las kyi dbye bas
bhinnāḥ/	kha dog so sor bya'o/
<27a2>sarvaratnair yuktatvād	rin po che thams cad daṅ ldan pa'i phyir
indranī(25a5)lavarṇṇaḥ/[38]	mdog indra nī la lta bu'o//

3-2. phyuṅ ba'i rten gyi dkyil 'khor luṅ gis bsgrub pa

imam evotsarggamaṇḍalam-	phyuṅ ba'i dkyil 'khor 'di ñid
udbhāvayann āha mūlasūtre/[39]	bśad pa'i phyir rtsa ba'i rgyud las/
atha khalv akṣobhyas tathāgataḥ	de nas de bźin gśegs pa mi bskyod pa
sarvatathāgatakāyavākcitta-	de bźin gśegs pa thams cad
yoṣidbhageṣu	btsun mo'i bha ga la
virajaskaṃ mahāsamaya-	rdul daṅ bral ba'i dam tshig chen po'i

37. Ms.K: *śāntyādikabhedād*; Ms.Gb: *śāntyādikarmabhedād.*

38. Ms.K: *indranīla*{?}*varṇṇaḥ*/.

39. Ms.Ga: *mūlaśūtre*/.

maṇḍalam adhiṣṭhāpayāmāsa/[40]	dkyil 'khor byin gyis brlabs pa ni/

svaccham ca tatsvabhāvaṃ[41]	gsal ba de yi ṅo bo ñid/
nānārūpaṃ samantataḥ/	sna tshogs gzugs kyis kun du mtshan/
buddhame(25a6)ghasamākīrṇṇaṃ	saṅs rgyas sprin gyis kun du khyab/
sphuliṅgagahānākulaṃ/	'od zer 'phro ba maṅ po 'khrug//

svacchādimaṇḍalair yuktaṃ	gsal ba la sogs dkyil 'khor ldan/
sarvatāthāgataṃ puram	de bźin gśegs pa kun gyi gźi/
iti/	źes gsuṅs so//

3-3. dris lan gyis dogs ba bcad pa

3-3-1. phyag rgya bźis lha'i sku rgyas gdab pa la dris lan gyis dogs pa bcad pa

āha/	gsol pa/
yady asmiṃs tantre[42]	gal te rgyud 'di la
hastamudrā nāsti/	lag pa'i phyag rgya med na
kathaṃ caturmudrāmudritaṃ[43]	'di ltar phyag rgya bźis
devatārūpaṃ niṣpadyate//[44]	rgyas btab pa'i lha'i sku bskyed par 'gyur/
<27a3>āha//	bka' stsal pa/

---

40. Ms.Ga: *adhiṣṭhānam adhiṣṭhāpayāmāsa/.*

41. Ms.Ga: *svacchan tatsvabhāva{??}n.*

42. Ms.Gb: *asmin tantre*; Ms.K: *taṃtrai.*

43. Ms.K, Gb: *caturmudrāmudrita.*

44. Ms.K: *devatārūpaṃ niṣpādyate/*; Ms.Ga: *devatārūpa niṣpadyate/.*

niravaśeṣabuddhaguṇā-	saṅs rgyas kyi yon tan ma lus pas
laṃkṛ(25a7)tādhārabhūtā[45]	brgyan pa'i gźis gyur pa'i
devatākārā[46]	lha'i sku ni
mahāmudrā//	phyag rgya chen po'o/
yoṣit samayamudrā/	btsun mo ni dam tshig gi phyag rgya'o/
mantrākṣara[46a1]m eva	sṅags kyi yi ge ni
dharmmamudrā/	chos kyi phyag rgya'o/
<27a4>viśvarūpeṇa	gzugs sna tshogs kyis
sakalajagadarthakriyā-	sems can thams cad kyi don byed ciṅ
niṣpādanaṃ karmmamudrā/	sgrub pa ni las kyi phyag rgya'o/

3-3-2. 'dus pa'i lha rnams źal gsum par bśad pa la dris lan gyis dogs pa bcad pa

āha	gsol pa/
tatvasaṃgrahādy[47]	de kho na ñid bsdus pa la sogs pa daṅ/
ubhayatantra-	gñi ga'i rgyud las ni
prasiddha eka(25a8)mukhaṃ/[48]	źal gcig par rab tu grags na/
kim artham a<27a5>tra	ci'i phyir
trimukhākāreṇa[49] saṃdṛśyata iti/	'dir źal gsum pa lta bur snaṅ bar 'gyur/
āha	bka' stsal pa/

45. Ms.Gb: *buddhaguṇālaṅkāradhārabhūtā.*

46. Ms.Gb: *devatākāra.*

47. Ms.K: tatvasaṃ{he}gra{ve}hādy.

48. Ms.Ga: *prasiddhaikamukhaṃ*; Ms.Gb.: *prasiddhaikamu{ka}kha.*

49. Ms.Gb: *trimukhākāṇa.*

bhagavān eva kāraṇam āha/	bcom ldan 'das ñid kyis 'di'i don
sandhyāvyākaraṇa-	bśad pa'i rgyud
vyākhyātantre/	dgoṅs pa luṅ ston pa'i rgyud las/
mahāta[46a2]tvam idaṃ tat[50]	gaṅ źig phyi naṅ bdag gyur daṅ/
sa bāhyā<27b1>dhyātmikaṃ bhavet/	de ñid gñis ka'i rtog pa rnams/
tatvobhayasaṃkalpam	gñis su med par bśad pa ste/
advayaṃ samudāhṛtaṃ/	'di yi de ñid chen po yin//
kaniṣṭhānāmi(25a9)kāmadhya-[51]	lag pa g-yon par rab tu grags pa'i/
tarjjanyaṅguṣṭhakas tathā/	mthe'u chuṅ tha ltag guṅ mo daṅ/
rūpādisamasaṃkhyena	de bźin[353] mdzub mo mthe boṅ ni/
vāmahastena[52] kīrttitāḥ/	rim bźin gzugs la sogs par gzuṅ//
<27b2>eteṣāṃ niḥsvabhāvayogāt[53]	de rnams dṅos po med pa yi/
prajñāpravicayalakṣaṇā/	śes rab rnam par 'byed mtshan ñid/
dharmakāyaḥ[54] sa[46a3]mākhyātas	chos kyi sku ru rnam par bśad/
tathatādvayasaṃjñakaḥ//[55]	de bźin ñid daṅ gñis med miṅ//

50. Ms.Ga: *idaṃ tat tat.*

51. Ms.K, Ga: *kaniṣṭhānāmikāmadhyā.*

52. Ms.Gb: *vāme hastena*; Ms.K: defective.

53. Ms.K: *ete nāstisvabhāvayogāt*; Ms.Gb: *eteṣān nisvabhāvayogāt.*

54. Ms.Ga: *dharmakāya.*

55. Ms.Ga: *tathatādvayasaṃjñitaḥ/*; Ms.Gb: *tathatā 'dvayasaṃjñakaḥ/.*

akṣobhyaratnāmitābhā-	mi bskyod rin chen dpag med daṅ/
mo<27b3>ghavai(25b1)rocanās	don yod rnam snaṅ
tathāgatāḥ/[56]	de bźin gśegs/
ete dakṣiṇahastena	'di dag lag pa g-yas pa yi/
kaniṣṭhādiṣu[57] vyavasthitāḥ/	mthe'u chuṅ la sogs rim bźin gnas//
ubhayor ekaḥ saṃghas[58]	gñis ka gcig tu sbyar ba yi/
tad idaṃ śaraṇatrikaṃ/	'di yi de ñid skyabs gsum pa/
<27b4>buddho dharmmas tathā saṃgha[59]	
	saṅs rgyas chos daṅ dge 'dun te/
eko 'pi[60] kalpanā trayaṃ/	gcig kyaṅ gsum du brtags pa yin//
niba[46a4]ddhānyonya	phan tshug sbyor bas
vajrasatvaṃ	rdo rje sems/
prajñopāyapadottamaṃ/[61]	śes rab thabs kyi go 'phaṅ mchog/
añjalir baddhamātre[62] tu(25b2)	thal mo sbyor ba tsam gyis ni/

56. Ms.K: *tathā/*.

57. Ms.Gb: *kaniṣṭhādi*; Ms.K: defective.

58. Ms.Ga: *ekakas saṃghas*; Ms.K: defective.

59. Ms.Gb: *saṃghaḥ*.

60. Ms.Ga: *ekopi*.

61. Ms.K: *prajñopāyapadottamaḥ/*.

62. Ms.K: *añjalir bbaddhamātre*.

sarvabu<27b5>ddhān samāvahet	saṅs rgyas thams cad yaṅ dag 'gugs//
triśaraṇas[63] tritatvan tu	skyabs gsum de ñid gsum yin te/
trikāyas[64] trivimokṣakaḥ/	sku gsum rnam par thar gsum gyi/
trimukhas tryakṣaraś caivam	źal gsum yin te mdog gsum yaṅ/
tridevaḥ[65] syāt tridhātukaḥ/	sbyor gsum dam tshig gsum sbyor bas//
tryadhvas trisamayaḥ śre<28a1>ṣṭhas	khams gsum du ni lha gsum gyi/
tritayaḥ[66] syāt[46a5]trimaṇḍalaḥ[67]	dkyil 'khor gsum gyis dus gsum du/
triyogaḥ[68] trimārggaś ca	lam gsum gyis ni mchog gsum gyi/
yāvantaḥ kalpacoditāḥ/	ji sñed du ni rtogs pas bskul//
adhyeṣananamaskāra-	gsol ba 'debs pa yid la byed/[69]
(25b3)lokeṣu prārthanakriyā/	'jig rten rnams kyi don rnams byed/
sambuddhato<28a2>ṣaṇaṃ[70] tat syāt	yaṅ dag saṅs rgyas de mñes 'gyur/
tvadīyāñjalitaḥ sthitaḥ/	de ñid 'dir ni thal mor gnas//

---

63. Ms.K: *triśaraṇa*[ ]; Ms.Gb: *triśaraṇaṃs.*

64. Ms.Ga: *trikāya.*

65. Ms.Ga: *tridevas*; Ms.Gb: *tryakṣaras trivedaḥ.*

66. Ms.Ga: *tritayas.*

67. Ms.K: *trimaṇḍalaḥ*; Ms.Gb: *syātrimaṇḍalas.*

68. Ms.Ga: *triyogāt.*

69. Tib. suggests *manasikāra* instead of *namaskāra.*

70. Ms.Ga: *sambuddhatoṣaṇa*; Ms.Gb: *sambuddhatoṣaṇan.*

ye satvās te ca buddhāḥ syus[71]	sems can gaṅ de saṅs rgyas yin/
tathatādvayadharmmataḥ/	de bźin ñid daṅ gñis med chos/
asthānasthitiyo[46a6]gena	gnas med gnas pa'i sbyor ba yis/
buddhāḥ<28a3>sarvve[72] vyavasthitā	saṅs rgyas thams cad rnam par bźugs//
iti	źes gsuṅs so/

3-3-3. dkyil 'khor gyi lha graṅs mi mthun pa la dris lan gyis dogs pa bcad pa

āha	gsol pa/
asmin śrīgu(25b4)hyasamāje/[73]	'dir gsaṅ ba 'dus pa'i
māṇḍaleya[74]-	dkyil 'khor la
devatāvinyāso	lha rnams dgod pa
nānācāryābhimato[75]	slob dpon sna tshogs pa'i gźuṅ
loke<28a4>pravarttate/	'jig rten du rab tu 'jug par 'gyur te/
tat kathaṃ sādhakānāṃ	de ji ltar sgrub pa po rnams
niḥsandehaṃ[76] bhavati/	som ñi ma mchis par 'gyur/

---

71. Ms.Ga: *buddhās syus.*
72. Ms.Ga: *buddhās sarve*; Gb: *buddhāḥ sarvve(ḥ)*.
73. Ms.Gb: *asmin guhyasamāje.*
74. Ms.K: *māṇḍaya.*
75. Ms.K: *nānācāryādimato.*
76. Ms.Ga: *niḥsandeścaṃ*; Gb: *saṃdiśyam.*

āha[77]

sādhu sādhu mahāsatva	sems dpa' chen po legs so legs so/
yuktyāgamābhyāṃ te[78]	luṅ daṅ rigs pas
pratipādayāmi/	so sor bśad[354] par bya'o/
<28a5>yathā kāyamaṇḍa(25b5)le	ji ltar sku'i dkyil 'khor la
[46a7]skandhādisvabhāvena	phuṅ po la sogs pa'i raṅ bźin gyi
devatāvinyāso[79] nāma ca/	lha rnams miṅ gis dgod pa
tadvad	de bźin du
utsarggamaṇḍale cāpi	phyuṅ ba'i dkyil 'khor la yaṅ
devatāvinyāsena[80] bhavitavyaṃ/	lha rnams dgod par 'gyur ro/

<28b1>tathāpi mūlasūtre	de lta mod kyi rtsa ba'i rgyud las
paripūrṇṇadevatāvinyāso nāsti/[81]	lha dgod pa rdzogs par ma bstan pa ni
kin tu nācāryakaṃ	'di ltar slob dpon med par
pravarttanaṃ mā(25b6)bhūd iti/	'jug par ma gyur cig sñam du dgoṅ so/

maṇḍalavinyāsaś caikatra[82]	dkyil 'khor dgod pa yaṅ gcig tu
paripūrṇṇo bha<28b2>gavatā na	yoṅs su rdzogs par bcom ldan 'das kyis

77. Ms.Ga only.

78. Ms.Ga: *yuktyāgamābhyān te.*

79. Ms.Ga: *devatāvinyāsaṃ.*

80. Ms.Gb: *tatvad utsarggamaṇḍale pi devatāvinyāse{p̣ị}na.*

81. Ms.Gb: *na paripūrṇṇadevatāvinyāso 'sti.*

82. Ms.Ga: *maṇḍalavinyāsaṃ caikatra.*

pra[45b1]darśitaḥ/[83]	dpal rdo rje phreṅ ba źes bya ba'i
vyākhyātantre/[84]	bśad pa'i rgyud las
śrīvajramālāyāṃ	
caikatra pradarśitaḥ/[85]	yaṅ dag par gsuṅs te
tad avatāryate// //	de la 'jug par bya'o/
śṛṇu tvaṃ [vai] mahāsattva	sems kyis gźan ni mi bsam par/
nānyacitte<28b3>na saṃsmara/	sems dpa' chen po mñan par gyis/
vajrācāryasya kāye(25b7)'smin[86]	rdo rje slob dpon lus 'di la/
kramaṃ kāyajinasthitaḥ/[87]	rgyal ba'i sku ni rim bźin gnas//
prathamaṃ kāyavajreṇa	daṅ po sku yi rdo rje ni/
rūpaskandhena saṃsthitaḥ/	gzugs phuṅ la ni rab tu bźugs/
anurā<28b4>gaṇavajreṇa	rjes su chags pa'i rdo rje ni/
vedanāskandhena saṃsthitaḥ/	tshor ba'i phuṅ por rab tu bźugs//
[45b2]vāgvajreṇa bhagavān	bcom ldan gsuṅ gi rdo rje ni/
saṃjñāskandhena saṃsthitaḥ/	'du śes kyi ni phuṅ por bźugs/

---

83. Ms.Ga: *na pradarśitaṃ*; Ms.Gb: *na bhagavatā pradarśitaṃ/*.

84. Ms.Ga: *vyākhyātantre tu*.

85. Ms.Ga: *caikatra na pradarśitaṃ*.

86. Ms.Gb: *asmin*.

87. Ms.Ga: *kāyajinasthiteḥ//*.

sarvapūjana[88]vajreṇa	mchod pa kun gyi rdo rje ni/
saṃskāraskandhe<28b5>na	'du byed kyi ni phuṅ por
saṃsthi(25b8)taḥ/	bźugs//
cittavajreṇa bhagavān	bcom ldan thugs kyi rdo rje ni/
vijñānaskandha[89]sthito[']py asau//	rnam śes phuṅ por yaṅ dag bźugs/
māṃsādi[90]pṛthivīdhātur	'di yi śa sogs sa khams la/
bhagavatī locanā sthitā//[91]	bcom ldan 'das yum spyan ma bźugs//
śoṇitādijaladhātur	khrag sogs chu yi khams la ni/
bhagavatī māmakī sthitā/	bcom ldan 'das yum mā ma bźugs/
[45b3]<29a1>uṣṇāditejodhātur	dro ba la sogs me khams la/
bhagavatī pāṇḍaravāsinī sthitā/	bcom ldan 'das yum gos dkar bźugs//
preraṇādi maruddhā(25b9)tus	bskyod pa la sogs rluṅ khams la/
tārā bhagavatī sthitā/	bcom ldan 'das yum sgrol ma bźugs/
netradvayendriyaṃ tasya	de yi mig gi dbaṅ gñis la/
kṣitigarbhas[92] tathā<29a2>gataḥ/	de bźin gśegs pa sa sñiṅ po//

88. Ms.K, Gb: *sarvapūjyena.*

89. Ms.Gb: *vijñānasandhena.*

90. Ms.Ga: *mānsādi.*

91. Ms.Gb: *sthitāḥ/.*

92. Ms.Ga: *kṣitigarbbhas.*

śrotradvayendriyaṃ tasya	de yi rna ba'i dbaṅ gñis la/
vajrapāṇis tathāgataḥ/	bde gśegs phyag na rdo rje'o/
ghrāṇasthitam indriyaṃ tasya	de yi sna yi dbaṅ gñis la/
gaganagañjas tathāgataḥ/	de bźin gśegs pa mkha' sñiṅ bźugs//

jihvāsthitam i[45b4]<29a3>ndriyaṃ tasya

	de lce dbaṅ la bźugs pa ni/
lokeśvaras tathāgataḥ/	de bźin gśegs pa 'jig rten dbaṅ/
manasi sthi(26a1)tam indriyaṃ tasya	de yi yid kyi dba po la/
mañjughoṣas tathāgataḥ/	de bźin gśegs pa 'jam dbyaṅs bźugs//[93]

caturddhātumayaṃ piṇḍaṃ	khams bźi'i raṅ bźin goṅ bu ni/
śarīraṃ tu saṃ<29a4>jñitaṃ/[94]	[355]raṅ gi lus źes bya miṅ la/
sarvanivaraṇaviṣkambhī[95]	sgrib pa thems cad rnams sel ba/
tathāgatas tatra tiṣṭhati/[96]	de bźin gśegs pa 'dir bźugs so//

	de yi yid kyi dbaṅ po la/
	de bźin gśegs pa 'jam dbyaṅs bźugs/
sarvasandhi śarīrasya	lus kyi tshigs ni thams cad la/
samantabhadras tathāgataḥ/	de bźin gśegs pa kun tu bzaṅ/

---

93. Pāda 8cd inserted after the v.9 in the Tibetan translation.

94. Ms.Ga: *tathāgataḥ/ tatra*; Gb: *saṃjñi{ka}taṃ*.

95. Ms.Ga: *sarvanivaraṇaviskī{??}*.

96. Ms.Ga: *tathāgatas tiṣṭhati.*

sarvasnāyuḥ[97] śarīrasya	lus kyi rtsa rgyus thams cad la/[98]
<29a5>maitreyas tathāgataḥ//	de bźin gśegs pa byams pa'o//
[45b5]dakṣiṇe bhujamū(26a2)le tu[99]	lag pa g-yas pa'i rtsa bar ni/
yamāntakas tathāgataḥ/	de bźin gśegs pa gśin rje gśed/
vāmabhujamūle tu[100]	lag pa g-yon pa'i rtsa bar ni/
aparājitas tathāgataḥ/	bder gśegs gźan gyis mi thub pa//
mukhapadme saṃtiṣṭhet tu[101]	kha yi pa dmar bźugs pa ni/
haya<29b1>grīvas tathāgataḥ/	de bźin gśegs pa rta mgrin no/
guhyapradeśena tiṣṭhet[102]	gsaṅ ba'i gnas su bźugs pa ni/
amṛtakuṇḍalis tathāgataḥ/[103]	de bźin gśegs pa bdud rtsi 'khyil//
dakṣiṇe bāhau tiṣṭhet tv[104]	dpuṅ pa g-yas par bźugs pa ni/
acalo 'sau tathāgataḥ/	de bźin gśegs pa mi g-yo ba/

---

97. Ms.Ga: *sarvasnāyuś*; Ms.Gb: *sarvasnāyu.*

98. Ms.Ga: *snāyuś*; Ms.Gb: *snāyu.*

99. Ms.Ga: *dakṣiṇe mūlabhuje tu*; Ms.K: [ ]*kṣiṇabhuje tu.*

100. Ms.Gb: *vāmabhujamūle tv.*

101. Ms.K: [ ]*dme tu saṃtiṣṭhetu* Ms.Ga: *mukhapadme saṃtiṣṭhet tu.*

102. Ms.Ga: *guhyapradeśe saṃtiṣṭhet*; Gb: *guhyapradeśe tiṣṭhet tv.*

103. Ms.Ga: *amṛtakuṇḍalīs tathāgataḥ.*

104. Ms.Ga: *tiṣṭhetv.*

vāmabāhau tu[105](26a3)ti<29b2>ṣṭhet tu	dpuṅ pa g-yon par bźugs pa ni/
ṭa[45b6]kkirājas tathāgataḥ/	de bźin gśegs pa 'dod pa'i rgyal//
dakṣiṇajānau tiṣṭhet tu[106]	pus mo g-yas na bźugs pa ni/
nīladaṇḍas tathāgataḥ/	de bźin gśegs pa dbyugs pa sṅon/
vāmajānau tiṣṭhet tu[107]	pus mo g-yon la bźugs pa ni/
mahābalas tathāgataḥ/	de bźin gśegs pa stobs po che//
<29b3>svaśīrṣamūrddhni tiṣṭhet tu[108]	raṅ gi spyi bor bźugs pa ni/
cakravarttī tathāgataḥ/	de bźin gśegs pa 'khor lo sgyur/
adhaḥ pāde ca tiṣṭhet tu[109]	rkaṅ pa'i mthil du bźugs pa ni/
sumbharā(26a4)jas tathāgataḥ/	de bźin gśegs pa gnod mdzes te//
samaste caiva kāye 'smin	lus ni 'di ñid kun la 'dir/
sarva[110]<29b4>tathāgatāḥ sthitāḥ/	sku yi dkyil 'khor źes brjod pa/
kāyamaṇḍalam i[45b7]ty uktaṃ	rdo rje slob dpon ñid kyi lus/
vajrācāryasya kāyikaṃ/	saṅs rgyas rnams kyi sku rdzogs pa//

105. Ms.Gb: *vāmabāhau.*

106. Ms.K: *dakṣiṇajānau tiṣṭhe*; Ms.Gb: *dakṣiṇajānau ca tiṣṭhen.*

107. Ms.K: *tiṣṭhetu.*

108. Ms.Gb: *tiṣṭhec.*

109. Ms.Gb: *adhaḥ pāde tu tiṣṭhet.*

110. Ms.Ga: *sarvva.*

ete sakalasambuddhāḥ	'di dag ma lus rdzogs saṅs rgyas/
samāstā buddhakāyikāḥ/	rdo rje legs byas bstan pa ni/
pra<29b5>veśayanti nirvvāṇaṃ	mya ṅan 'das la 'jug par 'gyur/
vajrī saṃskṛtade(26a5)śinaṃ/	bcom ldan mya ṅan 'das 'gyur thob//
śīghraṃ nirvvāsi bhagavan	khyod[111] kyi dge ba yoṅs su smin/
paripaktaṃ kuśalaṃ bhava[112]	de ni rdo rje slob dpon gyi/
tasmād vajraguroḥ kāye	lus la rgyal ba thams cad bźugs/
jināḥ[113] sarvve adhi<30a1>ṣṭhitāḥ	
paścātkāle mahāsatva[114]	ñon cig mthoṅ ba don yod kye/
śṛṇu he '[45b8]moghadarśaka/[115]	phyi ma'i dus na sems dpa' che/
ādikarmmikasatvaiś ca	daṅ po'i las kyi sems can gyi/
guruḥ sevyaḥ[116] prayatnataḥ/	rab tu 'bad de bla ma bsten//
(26a6)tathāmoghadarśi<30a2>nā[117]	de tshe mthoṅ ba don yod bcas/
sahabodhisatvā mahāyaśās	byaṅ chub sems[356] dpa' grags pa che/

---

111. Tib. suggests *bhavan* instead of *bhagavan.*

112. Ms.Gb: *paripaktakuśalabhavaḥ/.*

113. Ms.Ga: *jinās.*

114. Ms.Gb: *mahāsatvaḥ.*

115. Ms.Ga.*amoghadarśaka{ẖ}*; Ms.Gb: *amoghadarśakaḥ/.*

116. Ms. Ga: *guru sevya*; Ms. K: *guruḥ sevya.*

117. Ms.Gb: *tathā amoghadarśinā.*

tuṣṭāḥ pramuditā[118] hṛṣṭāḥ	dga' źiṅ mgu la rab daṅ ldan/
praṇamyāśrūni patitā[119]	phyag 'tshal nas ni mchi ma blags//
iti//	źes gsuṅs so/

3-3-4. sgrub pa po'i lus la lha bkod pa la dris lan gyis dogs pa bcad pa

āha	gsol ba/
sarvabuddhabodhisattvān	ñon moṅs pa thams cad spaṅs pa'i
sarvakleśaprahīṇān	saṅs rgyas daṅ byaṅ chub sems dpa'
daśabalavaiśāradyādi	stobs bcu daṅ mi 'jigs pa la sogs pa
buddhaguṇaprāptā(26a7)n	saṅs rgyas kyi yon tan brñes pa rnams
asmin prākṛtadehe	'dir tha mal pa'i lus la
vinyased iti viruddhākhyāyikā	dgod pa mi 'gal lags sam/
āha/	bka' stsal pa/
yathā patadgrahāvasthāyā[ṃ]	ji srid du bkru bśal gyi snod yin pa'i
śleṣmā sphāryate/	gnas skabs su ni mchil ma 'dor la
bhajanāvasthāyā[ṃ] loko	gźoṅ pa'i gnas skabs su 'jig rten pa rnams
bhumkte/	zas za'o//
pratimāvasthāyāṃ	gzugs brñan gyi gnas skabs su
pūjā kriyate/	mchod par byed do/
tathā	de bźin du
prākṛtadeho rāga-	tha mal pa'i lus la 'dod chags daṅ
(26a8)dveṣamohādayaś ca	źe sdaṅ daṅ gti mug la sogs pas brlan pa'i

118. Ms.Gb: *pramuditāḥ*.

119. Ms.Gb: *pātitāḥ*.

pūrvāvasthāyāṃ	sṅon gyi gnas skabs su
saṃsārahetukāḥ	'khor ba'i rgyu yin la
paścāt svabhāvaparijñāne	phyis raṅ bźin yoṅs su śes śiṅ
pariśuddhās	yoṅs su dag pas
sarvajñajñāsiddhaye	thams cad mkhyen pa grub pa'i
hetukā bhavantīti na doṣaḥ/	rgyur 'gyur ba la skyon med do/
tathācoktaṃ/	de yaṅ gsuṅs pa/
svaśucipratimām imāṃ gṛhītvā	śin tu mi gtsaṅ gzugs 'di gzuṅ byas la
[ji]naratnapratimāṃ karoty	rgyal ba'i rin chen gzugs byas
anarghā/	rin thaṅ med/
rasajāta(26a9)matīva vedhanīyaṃ/	rtsi yis sbyaṅs pa lta bur bskyed pa 'di
sudṛḍhaṃ gṛhṇata bodhicitta{ṣṣa}saṃjñam	
	byaṅ chub sems ni rab tu brtan par gzuṅ/
iti/ tathā cāha/	źes bya ba daṅ/ de bźin du yaṅ
ratnakūṭasūtre/	dkon mchog brtsegs pa'i mdo las/
tad yathā kāśyapa	'od sruṅs 'di lta ste
sa[ṃ]karākīrṇṇāyāṃ pṛthivyāṃ	lud kyis g-yogs pa'i sa gźi la
sarvabījāni virohanti/	sa bon thams cad skye bar 'gyur ro/
evam eva kāśyapa kleśasaṃkāra-	'od sruṅs de bźin du ñon moṅs pa'i
kīrṇṇe lokasanniveśe	lud kyis khyab pa'i 'jig rten pa rnams la
bodhi(26b1)satvasya	byaṅ chub sems dpa'i
buddhadharmā	saṅs rgyas kyi chos rnams
virohantīti/	skye bar 'gyur ro źes gsuṅs pa daṅ/
sandhyāvyākaraṇamahāyogatantre [']py āha/	
	dgoṅs pa luṅ ston pa źes bya ba'i rgyud las

śū(*sic*)kṣmayogārthatatvajñaṃ{ḥ}	kyaṅ/ phra mo'i sbyor don de ñid śes/
vajrapāṇiṃ yaśasvinaṃ/	phyag na rdo rje grags chen la/
jagadadvayayogena	'gro ba gñis med sbyor ba yi/
so 'vadat sandhāya śū(*sic*)kṣmakaṃ// //	phra mo'i de ñid dgoṅs pas gsuṅs//
paṃcākāram imāṃ bodhir	mṅon par byaṅ chub rnam lṅa 'di/
nagāmijanahetukāṃ/	ma 'oṅs [357]skye bo'i rgyu can yin/
dharmasaṅgī(26b2)tikāye 'smin	chos rnams yaṅ dag brjod pa'i sku/
bhāṣante ca yathāyathaṃ//	ji lta ji ltar yin gsuṅs pa/
skandhā ete hi buddhāḥ syur	phuṅ po 'di dag saṅs rgyas yin/
bodhyartha[120]pratyayodbhavāḥ/	rdzogs pa'i byaṅ chub rkyen du 'gyur/
te pi tathāgatāḥ khyātās	gñis med de bźin ñid 'jug pas/
tathatādvayayogataḥ//	de yaṅ de bźin gśegs par gsuṅs/
	źes so/
utsarggamaṇḍala-	phyuṅ ba'i dkyil 'khor gyi
vyavasthā	rim par phye ba ste
caturthaḥ paricchedaḥ// //	gsum pa'o//

4-1. phuṅ sogs 'od gsal du gźug pa

4-1-1. rtsa rgyud kyis mdor bstan pa

idānīṃ	da ni
paramārthamaṇḍalavyavasthā	don dam pa'i dkyil 'khor gyi rnam par gźag pa
prada(26b3)rśanāyoddeśapadaṃ	bstan pa'i phyir/ mdor bstan pa'i tshig

---

120. Tibetan translation of the *Sandhivyākaraṇatantra* (*byaṅ chub don gyi rkyen las byuṅ*) supports this reading.

mūlasūtrād avatāryate/	rtsa ba'i rgyud las 'jug par bya ste/
samayāt kṣared retaṃ vidhinā	dam tshig khu phyuṅ cho ga bźin/
pibet phalakāṃkṣayā/	'bras bu 'dod pas btuṅ bar bya/
mārayet tāthāgatavyūhaṃ	de bźin gśegs pa'i tshogs bsad nas/
sutarāṃ siddhim āpnuyād	dṅos grub rab mchog thob par 'gyur/
iti// uddeśaḥ// saptamapaṭale	źes le'u bdun pa las mdor bstan te/

4-1-2. bśad rgyud kyis rgyas par bśad pa

tv asya nirdeśo vyākhyātaṃtre	'di'i bśad pa dgoṅs pa luṅ ston pa źes bya ba'i
(26b4)sandhyāvyākaraṇani[r]diṣṭaḥ/	bśad pa'i rgyud las gsuṅs te/
rūpādyādhyātmikān dharmān	gzugs sogs naṅ gi chos rnams ni/
paśyato[?][121] vipaśyanā/	mthoṅ ba lhag mthoṅ źes bśad de/
akṣobhyādi yathāsaṃkhyaṃ	mi bskyod la sogs graṅs bźin du/
kalpayan sa(*sic*)matho bhavet/	brtags pa dag ni źi gnas bya/
anayor niḥsvabhāvatvaṃ	'di dag dṅos po med 'gyur ba'i/
tathatāśāntasaṃjñakaṃ/	de bźin ñid ni źi miṅ can/
tathatāmaṇḍale yogī	de bźin ñid kyi dkyil 'khor du/
sarvabu(26b5)ddhān praveśayed iti/	rnal 'byor pas ni saṅs rgyas gźug/
tasyāpi pratinirdeśaḥ/	'di yaṅ slar bśad pa
vajramālāmahāyogataṃtre	rdo rje phreṅ ba źes bya ba
vivṛtas	rnal 'byor chen po'i rgyud las gsuṅs te/
tad avatāryate/	de la 'jug par bya'o/
rūpaskandhagatādarśo	gzugs phuṅ rtogs la me loṅ daṅ/

121. Due to damage on the dry plate, one character is illegible.

bhūdhātur nayanendriyaṃ/	sa khams mig gi dbaṅ po daṅ/
rūpaṃ ca paṃcamaṃ yāti	gzugs daṅ rnam lṅar gyur pa ste/
krodhamaitreyasaṃyutaṃ/	khro bo byams par yaṅ dag ldan//
vedanāskandhāḥ(26b6) samatā	tshor ba'i phuṅ po mñam ñid daṅ/
abdhātuḥ śravaṇendriyaṃ/	chu khams rna ba'i dbaṅ po daṅ/
śabdaś ca paṃcamaṃ yāti	sgra daṅ rnam lṅar gyur pa ste/
krodhadvayasamanvitaṃ/	khro bo gñis daṅ yaṅ dag ldan//
(26b10)saṃjñā ca pratyavekṣaṇyaṃ	'du śes so sor rtog pa daṅ/
hutabhug nāsikendriyaṃ/	[358]byin za sna yi dbaṅ po daṅ/
gandhaś ca paṃcamaṃ yāti	dri daṅ rnam lṅar gyur pa ste/
krodhadvayasamanvitaṃ/	khro bo gñis daṅ yaṅ dag ldan//
saṃskārāḥ kṛtyānuṣṭhānaṃ[122]	'du byed bya ba grub pa daṅ/
māruto rasanendriyaṃ[/]	rluṅ khams lce yi dbaṅ po daṅ/
[rasa]ś ca pañcamaṃ yāti	ro daṅ rnam lṅar gyur pa ste/
krodhadvayasamanvitaṃ//[123]	khro bo gñis daṅ yaṅ dag ldan//
(26b6)ūrdhvādhaḥ	steṅ 'og
krodhasaṃyuktaṃ	khro bo śin tu bcas/
prakṛtyābhāsam eva ca/	raṅ bźin gyis ni snaṅ ba ñid/
vijñānaskandham āyāti	rnam śes phuṅ por bźugs pa ste/
vijñānaṃ ca prabhāśva(*sic*)raṃ//	rnam śes kyaṅ ni 'od gsal ba'o//
{ca} nirvāṇaṃ sarvaśūnyaṃ ca	mya ṅan 'das bcas kun stoṅ daṅ/
dharmakāyo ni(26b7)gadyate/	chos kyi skur yaṅ bśad pa yin/

122. Ms.: *kṛtyanuṣṭhānaṃ*.

123. Inserted from the margin.

dṛḍhīkaraṇahetoś ca	brtan par bya ba'i don du ni/
maṃtram etad udāharet/	gsaṅ sṅags 'di ni brjod par bya//
Oṃ śūnyatā[jñāna]vajra	Oṃ śūnyatājñānavajra
svabhāvātmako 'ham	svabhāvātmako 'ham
iti//○//	źes brjod par bya'o/
vyavastholitṛtīyopadeśam	rnam par gźag pa bźi pa 'di ñid kyis
āha	rdzogs pa la gnas pa ñe bar bśad par bya ste/

4-2. phuṅ sogs daṅ po bźi 'od gsal du gźug pa'i rtags

rūpaskandhe prabhāśva(*sic*)raṃ	de la[124] gzugs kyi phuṅ po
praviṣṭe sati lakṣaṇaṃ	'od gsal du źugs pa'i mtshan ma
lakṣayed budhaḥ/	mkhas pas śes par bya ste/
sarvā(26b8)ṅgarūpāṇi	yan lag thams cad phra ba daṅ/
sthāmāni mlānāni mṛdūni mātrāṇi	lus kyi ñam chuṅ źiṅ
śithilāni bhavanti/	lhod par 'gyur ro/
ādarśajñāne gate	me loṅ lta bu'i ye śes thim pa na
timiratvaṃ/	rab rib tu 'gyur ro/
bhūdhātau gate	sa'i khams 'gags pa na
sarvaśarīrakṛśatvaṃ/	lus thams cad skams par 'gyur ro/
nayanendriye gate	mig gi dbaṅ po 'gags pa na
cakṣur vikāro bhavati/	mig 'gyur źiṅ
saṃkṣubhati ca/	zum par 'gyur ro/
rūpaviṣaye gate svakāyavivarṇṇa	gzugs kyi yul 'gags pa na raṅ gi lus kyi

124. bsTan 'gyur: *de las*

āyāmalī(26b9)natvaṃ[125] bhavati/	mdaṅs med ciṅ ñams zad pa ñid du 'gyur ro/
evam [an]ādisaṃsāre	de ltar 'khor ba thog ma med pa nas
apadadvipadacatuṣpadādi-	rkaṅ med daṅ/ rkaṅ gñis daṅ/ rkaṅ bźi daṅ/
	rkaṅ maṅs la sogs pa'i
satvānāṃ vairocanakulīnāḥ	sems can rnam par snaṅ mdzad kyi rigs can rnams
kāyamaṇḍale sthitvā	sku'i dkyil 'khor la gnas te/
paramārthamaṇḍalaṃ	don dam pa'i dkyil 'khor du
kṣaṇamandakrameṇa praveśanti[/]	skad cig pa'i rim gyis 'jug go//
ye hy avayavasthitās teṣām	gaṅ dag cha śas la gnas pa de dag gi ni
atra vyavasthā nāsti	'dir rnam par gźag pa med mod kyi/
tathāpy anukrameṇa	'on kyaṅ rim gyis
pa(27a1)ramārthasatye	don dam pa'i bden par
praviśanti/	rab tu 'jug go//
evaṃ dvitīyaratnakuladevatānāṃ	de bźin du gñis pa rin po che'i rigs kyi
paramārthasatye	lha rnams[359] don dam pa'i bden par 'jug pa
praveśakāle [la]kṣaṇaṃ	de'i tshe mtshan ma
lakṣayed budhaḥ/	mkhas pas śes par bya ste/
vedanāskandhe līne	tshor ba'i phuṅ po thim pa na
vātapittaśleṣmasannipātādi	
	rluṅ daṅ mkhris pa daṅ bad kan daṅ 'dus pa la sogs pa
kāyikavedanā	lus tshor ba ñams su
nānubhūyate/	myoṅ bar mi 'gyur ro/
samatājñāne līne	mñam pa ñid kyi ye śes thim pa na

125. Ms.: *ayāmalinatvaṃ*.

triprakāraṃ mānasikavedanāṃ	yid kyi tshor ba rnam pa gsum
na smāra(27a2)ti/	dran par mi 'gyur ro/
abdhātau līne svakāye	chu'i khams skams pa na raṅ gi lus la
lālāsvedamūtraraktaśukrādīni	kha chu daṅ khrag daṅ khu ba la sogs pa
śuṣyanti//	skams par 'gyur ro/
śravaṇendriye līne	rna ba'i dbaṅ po thim pa na
sabāhyābhyantaraśabdo	phyi daṅ naṅ du bcas pa'i sgra
na śrūyate/	thos par mi 'gyur ro/
śabdaviṣaye līne	sgra'i yul thim pa na
svakāye śabdaṃ na śṛṇoti/	raṅ gi lus kyi sgra thos par mi 'gyur ro/
dvitīyaratnakuladevatā-	gñis pa rin po che'i rigs kyi lha
nupraveśaḥ//	rjes su gźug pa'o//
tṛtīye padmakuladeva(27a3)tānāṃ	gsum pa padma'i rigs kyi lha rnams
tathatāyāṃ praveśakāle	'jug pa'i dus su
kṣaṇaṃ lakṣayed budhaḥ/	mtshan ma mkhas pas śes par bya ste/
saṃ{?}jñāskandhe līne	'du śes kyi phuṅ po thim pa na
dvipadādisatvānāṃ saṃjñā	rkaṅ gñis pa la sogs pa'i sems can rnams
na smarati/	dran par mi 'gyur ro/
pratyavekṣaṇājñāne līne	so sor rtog pa'i ye śes thim pa na
mātṛputra-	pha daṅ ma daṅ bu daṅ
bāndhavādīnāṃ	gñen la sogs pa rnams
sarvasaṃjñāṃ jagati na smarati/	daṅ 'gro ba thams cad kyi miṅ mi dran no/
tejodhātau līne	me'i khams thim pa na

sarvvā(27a4)haro[126] na pacyate/	bza' ba thams cad mi 'ju'o/
ghrāṇendriye līne	sna'i dbaṅ po thim pa na
mandāśvasa	steṅ gi rluṅ rtseg ciṅ rtseg ciṅ
ūrdhvagatiś ca bhavati[/]	sar 'gro bar 'gyur ro/
gandha[viṣaye] līne	dri'i yul thim pa na
{visaviṣaya}svakāye[127]	raṅ gi lus la
gandhavisa(*sic*)yo na ghrāyate//	dri'i yul bro bar mi 'gyur ro/
tritīyapadmakuladevatā-	gsum pa padma'i rigs kyi lha
nupraveśaḥ//	rjes su gźug pa'o/
caturthakarmakuladevatānāṃ	bźi pa las kyi rigs kyi lha rnams kyi
bhūtakoṭyāṃ praveśa(27a5)m āha	yaṅ dag pa'i mthar 'jug pa'i
lakṣaṇaṃ lakṣayed budhaḥ/	mtshan ma mkhas pas śes par bya ste/
tatra saṃskāraskandhe līne	de la 'du byed kyi phuṅ po thim pa na
sarvakāyakaraṇīyaṃ	lus kyi bya ba thams cad la
na pravarttate/	'jug par mi 'gyur ro/
kṛtyānuṣṭhāne līne	bya ba grub pa'i ye śes thim pa na
bāhyalaukikasthitikriyāvyāparan	'jig rten pa'i bya ba daṅ dgos pa
na smarati/	dran par mi 'gyur ro/
vāyudhātau līne	rluṅ gi khams thim pa na
prāṇādidaśavāyavaḥ	srog la sogs pa'i rluṅ bcu
(27a6)svasthānād vicchidyante/	raṅ gi gnas nas 'pho'o/
jihvendriye līne	lce'i dbaṅ po thim pa na

126. Ms.: *sarvvāhalo.*

127. Ms.: *sākāye.*

jihvā sthūlā hrasvā	lce sbom pa daṅ thuṅ ba daṅ
nīlamūlā ca bhavati/	rtsa ba sṅon por 'gyur ro/
rasaviṣaye līne	ro'i lus[360] thim pa na
ṣaḍraso nānubhūyate/	ro drug ñams su mi myoṅ ṅo/
caturthakarmakuladevatā	bźi pa las kyi rigs kyi lha rnams
nupraveśaḥ//	rjes su gźug pa'o/

4-3. lhag ma 'od gsal du 'jug pa'i rim pa

4-3-1. raṅ bźin snaṅ ba la thim pa rgyu daṅ bcas pa

śeṣaṃ prakṛtyābhāsaṃ	lhag ma raṅ bźin gyi snaṅ ba
mañjuśrījñānaṃ	'jam dpal gyi ye śes
dvi(27a7)tīyakrameṇa	rim pa gñis par
jñāyate/	bya ste/

4-3-2. bsam gtan gñis kyis sṅags don mṅon du byed tshul

sa ca prāṇāyāmena sahaṃ	de yaṅ srog daṅ rtsol ba daṅ bcas par
vajrajāpakrameṇa sthitvā	rdo rje bzlas pa'i rim pas gnas te/
piṇḍagrahānuprabheda	ril por 'dzin pa daṅ/ rjes su gźig pa'i
{nītva}krameṇā-	rim pas
nāhataṃ sākṣāt kṛtvā/	mi śigs pa mṅon sum du bya ste/
tato dhāraṇāyām	'dzin pa
upasaṃhāraṃ karoti/	ñe bar bsdus nas
tadā	de'i tshe/
Oṃ śūnyatājñānavajra	Oṃ śūnyatājñānavajra
(27a8)svabhāvātmako 'ham iti	svabhāva ātmako 'haṃ źes bya ba'i

mantrārthaḥ sākṣātkṛto bhavati	sṅags kyis don mṅon sum byed par 'gyur ro/
āha	gsol pa/
asya mantrasyārthaṃ nirdiśatu	sṅags 'di'i don bcom ldan 'das
bhagavān va{ya}jraguruś śāstā/	rdo rje slob dpon ston pas bśad du gsol/
vajragurur āha/	rdo rje slob dpon gyis gsuṅs pa/
bhagavataiva	bcom ldan 'das kyi
vivṛtaṃ vyākhyātantre	bśad pa'i rgyud las gsuṅs te/
tan nirdiśyate/	de bśad par bya'o/
atha tathāgatās sarve	de nas de bźin gśegs pa kun/
śū(*sic*)kṣmayoge vyavasthitāḥ/	phra mo'i sbyor ba rnam par gźug/
O{ṃ}(27a9)m ity[ādy]	Oṃ źes pas ni
ekasaṃyuktaṃ	gcig daṅ ldan/
dvitīyaṃ śūnyateti ca/	śūnyatā ni gñis pa yin/
tṛtīyaṃ jñānam ity eva	jñāna źes pa gsum pa yin/
caturtham vajrasaṃjñakaṃ/	bźi pa vajra miṅ can te/
svabhāvātmaka pañcamākhyaṃ[128]	svabhāva ātmako lṅa pa/
ṣaṣṭho [']ham iti procyate/	drug pa ahaṃ źes su brjod/
evaṃ tathāgataṣaṭkaṃ	de ltar de bźin gśegs pa drug/
kathitaṃ uttame jane/	skye bo mchog la bstan pa yin/
Oṃ śūnyateti yugmādi	Oṃ śūnyatā zuṅ daṅ po'o/
jñāna{ṃ}vajraṃ dvitīyakaṃ/	jñānavajra gñis pa yin/
(27a10)tatsvabhāvātmako 'haṃ syāt	svabhāvātmako 'haṃ gsum pa yin/
tritatvaṃ cātra kalpitaṃ/	de ñid gsum du 'di ru bstan/

128. Ms.: *pañcamakhyā.*

tritatvam ekaṃ bhavet samyak	de ñid gsum ni gcig tu ’gyur/
vyaktāvyaktasaṃjñakaṃ/	gsal daṅ mi gsal miṅ can te/
api ca vajradhṛk kaścit	gźan yaṅ rdo rje ’dzin gaṅ zig/
triśaṃ(*sic*)ketānvito naraḥ/	gsum gyi brda daṅ ldan pa’i mi/
āvāhanaṃ visarjanaṃ syāt	spyan draṅs gśegs su gsol ba daṅ/
tathā sthāpanam eva ca/	de bźin du ni bźugs pa’o/
āvāhanaṃ praveśena	’jug pa yis ni spyan draṅs te/
tvaritena vi(27b1)sarjanaṃ/	myur ba yis ni gśegs su gsol/
bāṣpeṇa sthāpanaṃ tat syād	dal ba yis ni de bźugs ’gyur/
viśvastāt siddhir uttamā//	dag pa las ni dṅos grub mchog/
tattatpuruṣā{p̲a̲}yogena	skyes bu de de’i sbyor ba yis/
mahāmudraikabhāvanā/	phyag rgya chen po gcig tu ’gyur/
tvaritāditraye yukte	myur ba la sogs gsum ldan pa/
mudrāsādhanam vidhīyate//	[361]phyag rgya sgrub par bśad pa yin/
tvarite vibandhe bāṣpe[129]	myur daṅ rnam bsdus dal ba can/
kathitā mantrayojanā/	sṅags su ṅes par sbyor ba yi/
karṇṇamūle tu śiṣyāya	slob dpon gyis ni ’bad pa yis/
ācāryeṇa praya(27b2)tnataḥ//○//	slob ma’i rna ba’i druṅ du brjod/
iti	
śrīguhyasamāja	dpal gsaṅ ba ’dus pa źes bya ba’i
mahāyogataṃtre	rnal ’byor chen po’i rgyud las
paramārthamaṇḍala-	don dam pa’i dkyil ’khor gyi
vyavasthā	rnam par gźag pa’i

129. Cf. Jiang and Tomabechi 1996. 52.4-6.

paricchedaḥ paṃcamavyavastholis	rim par phye ba ste bźi pa'o// //
samāptā//○//	
	grub pa'i slob dpon
kṛtir ācārya nāgabuddhipādānām	klu'i blo'i źal sṅa nas kyi mdzad pa
iti//○//	
	rnam par gźag pa'i rim pa bźi pa rdzogs so// //

ビブリオグラフィー

【邦文】［Japanese］

北村太道・ツルティム・ケサン共訳［Kitamura and Tshul khrims］2000, ツォンカパ著『秘密集会安立次第論註釈—チベット密教の真髄—』（永田文昌堂）

酒井真典［Sakai, Shinten］1975,『修訂増補　チベット密教教理の研究(一)』［A study of esoteric Buddhist doctrine in Tibet (enl. & rev. ed.)］（国書刊行会）

杉木恒彦［Sugiki, Tsunehiko］2007,『サンヴァラ系密教の諸相－行者・聖地・身体・時間・死生－』［Aspects of Saṃvara esoteric Buddhism: Practitioner, holy sites, body, time, and death and life］（東信堂）

田中公明［Tanaka, Kimiaki］1997,『性と死の密教』［The Sexology and Thanatology of Buddhism］（春秋社）

— 1998,「ネパールのサンスクリット語仏教文献研究－第41回学術大会における発表以後同定された断片について－」［On the Buddhist Sanskrit manuscripts in Nepal and the Nepal-German Manuscript Preservation Project］『印度学仏教学研究』46-2

— 2000,「中観派を自称した密教者たち＝『秘密集会』聖者流の思想と実践体系－新出のSkt.写本*Vajrācāryanayottama*から回収されたtextを中心に－」［Self-Styled Mādhyamika Tantrist: The Thought and Practices of the Ārya school of the Guhyasamāja Cycle］江島恵教博士追悼論集『空と実在』春秋社（CD-ROMブック）

— 2005a,「Nāgabodhiの*Samājasādhanavyavasthāna*について—Vajrācāryanayottamaから回収されたSkt.原文を中心に—」［Nāgabodhi's *Samājasādhanavyavasthāna*: The Tibetan translation and Sanskrit text of 3-1-3 to 3-3-3］『東洋

文化研究所紀要』148冊
— 2005b, 「Nāgabodhiの*Śrī-guhyasamājamaṇḍalopāyikā-viṃśati-vidhi*－全体の構成と1.bhūmiśodhanavidhiの概要－」科学研究費成果報告書『中世インドの学際的研究』所収
— 2009, 「判読困難なサンスクリット写本をいかに修補するか？ —Nāgabodhiの『安立次第論』第１章に見るテキスト復元—」[How to Restore Sanskrit Text from a Photograph in Bad Condition: Nāgabodhi' s *Samājasādhanavyavasthālī*: The Tibetan Translation and Sanskrit Text of Chapter I]『東洋文化研究所紀要』156冊
— 2010, 『インドにおける曼荼羅の成立と発展』[Genesis and Development of the Maṇḍala in India]（春秋社）
— 2013, 「『秘密集会』「聖者流」における修道論」[Nāgabodhi's *Samājasādhanavyavasthālī: The Tibetan Translation and Sanskrit Text of Chapter 3-3-4]『東洋文化研究所紀要』164冊
苫米地等流[Tomabechi, Toru] 2004, 「いわゆるVajrācāryanayottamaについて－新出関連写本の紹介－」[On the so-called Vajrācāryanayottama: A Sanskrit manuscript of a related text]『密教図像』第23号
松長有慶[Matsunaga, Yukei] 1978, 『秘密集会タントラ校訂梵本』[The Guhyasamāja tantra]（東方出版）
— 1980, 『密教経典成立史論』[A history of the formation of esoteric Buddhist scriptures]（法藏館）

【欧文】[Western Languages]

Bandurski, Frank 1994, "Übersicht über die Göttinger Sammlungen der von Rāhula Sāṅkṛtyāyana in Tibet aufgefundenen buddhistischen Sanskrit-Texte

(Funde buddhistischer Sanskrit-Handschriften, III)", in Bechert Heinz (ed.), Sanskrit-Wörterbuch der buddhistischen Texte aus den Turfan-Funden, Beiheft 5, Göttingen: Vandenhoeck & Ruprecht.

Cakravarti, Chintaharan 1984: *Guhyasamājatantrapradīpodyo*(*sic*)*tanaṭīkā*, Ṣaṭkoṭivyākhyā, Patna: K. P. Jayaswal Research Institute.

Jiang, Zhongxin (蒋忠新) and Tomabechi, Toru (苫米地等流) 1996: *The Pañcakramaṭippaṇī of Muniśrībhadra*, Introduction and Romanized Sanskrit Text, Bern: Peter Lang.

Pandey, Janardan Shastri 2000: *Caryāmelāpakapradīpa*, Sarnath: CIHTS.

Sāṅkṛi(sic)tyāyana, Rāhula 1935: "Sanskrit Palm-leaf Mss. in Tibet," J.B.O.R.S., Vol.XXI, Part I, Patna: The Bihar and Orissa Research Society.

Sāṅkṛi(sic)tyāyana, Rāhula 1937: "Second Search of Sanskrit Palm-leaf Mss. in Tibet," J.B.O.R.S., Vol.XXIII, Part I, Patna: The Bihar and Orissa Research Society.

Sāṅkṛtyāyana, Rāhula 1938: "Search for Sanskrit Manuscripts in Tibet," J.B.O.R.S., Vol.XXIV, Part IV, Patna: The Bihar and Orissa Research Society.

Shastri, Swami Dwarikadas 1971: *Abhidharmakośa and Bhāṣya*, Part Ⅱ, Varanasi: Bauddha Bharati.

Staël-Holsten, A. von 1926, *The Kāçyapaparivarta*, A Mahāyānasūtra of the Ratnakūṭa Class Edited in the Original Sanskrit in Tibetan and in Chinese, Peking: Shang-wu Yin-shu-guan (商務印書館).

Tanaka, Kimiaki 2009: "Nāgabodhi's Śrī-guhyasamājamaṇḍalopāyikā-viṃśati-vidhi—The Sanskrit Text Restored from the Vajrācāryanayottama—," *Genesis and Development of Tantrism*, Tokyo: Sankibo.

Tsuda, Shiníchi 1974: *The Saṃvarodaya Tantra*, Selected Chapters, Tokyo:

Hokuseido.

Vallée Poussin, Louis de la 1896: *Études et textes tantriques, Pañcakrama*, Gand: Engelcke ; Louvain : Istas.

【中文】[Chinese]

中国蔵学研究中心(CTRC) 1997,『丹珠爾』(対勘本) 第18巻, 北京: 中国蔵学出版社

あとがき

本書は、これまで著者が、2005年から2013年まで、複数の学術誌に発表してきた『安立次第論』研究をまとめた、日英二カ国語版の研究書である。(p.148「初出一覧」参照)

本書「文献概説」で述べたように、著者の『安立次第論』研究は、ラーフラ・サーンクリトヤーヤナがチベットで撮影した不鮮明な写真との格闘からはじまった。その後、より鮮明なデジタル・データを入手することができたが、その結果、不鮮明な写真に基づいた以前の研究には、判読不能のまま残された箇所や文字の誤った転写など、多くの問題があることに気づいた。改訂の必要は痛感していたが、長らくその機会に恵まれなかった。

ところが2015年に日本学術振興会より科研費の受給が決定したのを機に、以前の論文を整理し、合本した上で、英文概説とビブリオグラフィーを付して、一冊のモノグラフとして刊行することにした。

日本の仏教研究は今、かつてない危機に直面している。アジアではじめて近代化に成功した日本は、伝統的な仏教国の中にあって、科学的な仏教研究をリードしてきた。しかし近年の少子高齢化によって、多くの大学は定員割れの危機に直面している。とくに多数の仏教学の講座が設置されていた宗門系大学では問題が深刻で、不要不急の講座を廃止せざるを得ない状況に陥っている。いっぽう仏教研究のもう一つのセンターであった国立大学では、政府主導の大学改革によって、多くの仏教研究のポストが削減対象となってしまった。

日本はこれからも、日本の伝統仏教と関連する分野においては、世界の仏教研究をリードできると思われるが、日本仏教と直接関係しない分野では、研究者が、大学や附属研究機関にポストを得ることが極めて困難になっている。本書が取り扱うインド後期密教やチベット・ネパール仏教は、不幸にして後者の範疇に属している。

これに対して欧米では、1959年のチベット動乱以後、ダライラマ14世をはじめとする宗教指導者が国外に亡命したことにより、チベット仏教が普及しはじめている。欧米の有名大学に、チベット学の講座が開設されたり、チベット仏教教団が、欧米で大学やカレッジを設立する動きも始まっている。

著者の許にも、海外の若手研究者から、密教や仏教図像に関する問い合わせが、多数寄せられるようになった。これまで日本に蓄積されてきた仏教研究の成果を、海外の研究者に手渡す時期が、いよいよ到来したのである。著者が、本書のような、日英二カ国語のインド・チベット仏教のモノグラフ刊行に力を入れているのは、そのためである。

本書の刊行が、密教やチベット仏教に関心をもつ海外の研究者に、一定の新情報を提供するものになることは疑いない。それが機縁となり、日本と海外の学術交流が盛んになることを期待している。本書を、大学や留学先で指導を受けた先生方、かつての同僚、そして海外の友人に贈ることを楽しみにしている。

本書の刊行に当たっては、多くの方々のお世話になった。とくに畏友ロルフ・ギーブル氏には、英文校閲だけでなく、種々の有益な助言を頂戴した。またチベット大学（サールナート）のチャンバ・サムテン教授には、著者が書いた拙いチベット語要旨を校閲して頂いた。また英文校閲費と非売品180部（献本用）の印刷費は、日本学術振興会の科研費基盤研究(C)「インド・チベット密教と曼荼羅の研究」（課題番号: 15K02050）から支弁した。さらに本書の刊行を引き受けられた(有)渡辺出版の渡辺潔社長にも大変お世話になった。末筆となって恐縮であるが、記して感謝の意を表したい。

2016年5月1日

著者

Postscript

This volume is a Japanese-English bilingual study of the *Samājasādhana-vyavastholi* which I had previously published in instalments on different occasions between 2005 and 2013.

As is explained in the Introduction, my study of the *Vyavastholi* was initially a struggle with out-of-focus photographs taken by Rāhula Sāṅkṛtyāyana in Tibet. Later I was able to refer to photographs in better condition. As a result, I noticed that my previous research based on unclear photographs contained many problems, including blanks indicating illegible passages and mistranscriptions of letters, and although I felt the need to revise them, I did not have any opportunity to do so. Then, having received financial support from the Japan Society for the Promotion of Science in 2015, I started to revise my previously published articles with a view to bringing them together as a monograph with an introduction in English and a bibliography.

Buddhist studies in Japan is currently facing unprecedented difficulties. As the first modernized nation in Asia, Japan had enjoyed the position of leader in Buddhist studies among traditional Buddhist countries. But because of a declining birthrate, Japanese universities are now suffering from a shortage of new entrants. Especially in private universities established by Buddhist sects, with many chairs in Buddhist studies, this has become a serious problem, and they are being compelled to abolish non-essential courses. In national universities, the other centres of Buddhist studies, chairs in Buddhist studies have been reduced as a result of university reforms led by the government.

Japan will, I believe, continue to be a leading country in Buddhist studies in fields with close bearings on Japanese Buddhism. But in fields with which Japanese Buddhism has no direct connections it is becoming very difficult for researchers to gain positions at universities or research institutes attached to universities. Unfortunately late tantric Buddhism and Tibeto-Nepalese Buddhism, the main subjects of this volume, fall under this category.

In the West, on the other hand, Tibetan Buddhism has grown in popularity since the exile of spiritual leaders of Tibetan Buddhism, starting with the 14th Dalai Lama, since the uprising in 1959. Chairs for Tibetan studies have been established in prestigious universities, and some schools of Tibetan Buddhism have set up universities or colleges in the West. I have received many enquiries about esoteric Buddhism and Buddhist iconography from young overseas scholars, and the time has come to hand over the fruits of Buddhist studies hitherto accumulated in Japan to such overseas researchers. This is why I have made the effort to publish a Japanese-English bilingual monograph dealing with Indo-Tibetan Buddhist studies.

This volume should provide some new information to foreign readers interested in esoteric Buddhism and Tibetan Buddhism and will, I hope, contribute to academic exchange between Japan and other countries. I look forward to presenting copies to teachers, former colleagues, and friends abroad. Lastly, I would like to offer my heartful thanks to all those who have helped in the preparation of this publication, including Mr. Rolf Giebel, who oversaw the English translation and gave me helpful advice; Prof. Jampa Samten, who oversaw the Tibetan summary; the Japan Society for the Promotion of Science, which provided financial support (JPS KAKENHI Grant number: 15K02050) for the translation and for the printing costs for 180 non-commercial copies from fiscal 2015 to fiscal 2017; and Mr. Kiyoshi Watanabe, the president of Watanabe Publishing Co., Ltd., who undertook to publish this book with great care.

1/May/2016

Kimiaki TANAKA

『安立次第論』の構成と論文の初出一覧

章節	写本	掲載誌	発表年	論文タイトル
第１章	21b2 23b4	『東洋文化研究所紀要』156冊	平成21年 (2009年)	判読困難なサンスクリット写本をいかに修補するか？－Nāgabodhiの『安立次第論』第１章に見るテキスト復元－
第２章	23b4 24a9	『東洋文化研究所紀要』160冊	平成23年 (2011年)	『秘密集会』の身体曼荼羅論－Nāgabodhiの『安立次第論』第２章　サンスクリット写本ローマ字化テキスト－
第３章	24a9 25a2	『密教文化』227号	平成23年 (2011年)	『秘密集会安立次第論』をめぐる諸問題－第３章所説の出生真言の解釈を中心に－
	25a3 26a6	『東洋文化研究所紀要』148冊	平成17年 (2005年)	Nāgabodhiの*Samājasādhanavyavasthāna*について－Vajrācāryanayottamaから回収されたSkt. 原文を中心に－
	26a6 26b2	『東洋文化研究所紀要』164冊	平成25年 (2013年)	『秘密集会』「聖者流」における修道論
第４章	26b2 27b2	『東洋文化研究所紀要』162冊	平成24年 (2012年)	『秘密集会』における勝義の曼荼羅について－Nāgabodhiの『安立次第論』第４章　サンスクリット写本ローマ字化テキスト－

著者略歴

田中公明(たなかきみあき)

1955(昭和30)年、福岡県八幡市(現北九州市)生まれ。東京大学文学部卒(印度哲学専攻)、1984年同大学大学院博士課程満期退学。同大学文学部助手(文化交流)を経て、1988年(財)東方研究会[現(公財)中村元東方研究所]専任研究員。2008年、東京大学大学院より博士[文学]号を取得。2013年、学位論文『インドにおける曼荼羅の成立と発展』(春秋社)で鈴木学術財団特別賞を受賞。

東京大学(1992, 1994〜1996, 2001〜2004年)、拓殖大学(1994, 1998年)等で非常勤講師、北京日本学研究センター短期派遣教授(2003, 2010年)を歴任。現在(2016年)、富山県南砺市利賀村「瞑想の郷」主任学芸員、チベット文化研究会副会長。東方学院(2001年〜)、慶應義塾大学(2001年〜)、大正大学綜合佛教研究所(2016年)、高野山大学(2016年)講師[いずれも非常勤]、ネパール留学(1988〜89年)、英国オックスフォード大学留学(1993年)。韓国ハンビッツ文化財団学術顧問(1997〜2015年)として、同財団の公式図録『チベット仏教絵画集成』第1巻〜第7巻(臨川書店)を編集。密教、仏教図像、チベット学に関する著訳書(共著を含む)50冊、論文約150点。

詳しくは個人HP

http://www.geocities.jp/dkyil_hkhor/

を参照。

About the Author

Dr Kimiaki TANAKA (b.1955, Fukuoka) studied Indian Philosophy and Sanskrit Philology at the University of Tokyo. He received a doctorate in literature from the University of Tokyo in 2008 for his dissertation entitled "Genesis and Development of the Maṇḍala in India." It was published in 2010 by Shunjūsha with financial support from the Japan Society for the Promotion of Science and was awarded the Suzuki Research Foundation Special Prize in 2013.

He has been lecturer at the University of Tokyo and at Takushoku University, teaching Tibetan as well as courses on Buddhism. He studied abroad as a visiting research fellow (1988-89) at Nepal Research Centre (Kathmandu) and held a Spalding Visiting Fellowship at Oxford University (Wolfson College) in 1993. As a visiting professor, he gave lectures on Sino-Japanese cultural exchange at Beijing Centre for Japanese Studies in 2003 and 2010.

From 1997 to 2015, he was the academic consultant to the Hahn Cultural Foundation (Seoul) and completed 7 vol. catalogue of their collection of Tibetan art entitled *Art of Thangka*. He is presently (2016) lecturer at Tōhō Gakuin, in Art History at Keio University (Buddhist Iconography), at the Institute for Comprehensive Studies of Buddhism, Taisho University (Genesis and Development of the Mandala) and at Koyasan University (Genesis and Development of the Mandala). He is also chief curator of the Toga Meditation Museum in Toyama prefecture, the Vice-President of the Tibet Culture Centre International in Tokyo. He has published more than 50 books and 150 articles on Esoteric Buddhism, Buddhist Iconography and Tibetan art.

http://www.geocities.jp/dkyil_hkhor/

持金剛仏

Vajradhara

梵蔵対照『安立次第論』研究

平成28年8月25日　第一刷発行

著　者　田中公明

発行者　渡辺 潔

発行所　有限会社渡辺出版
〒113-0033
東京都文京区本郷5丁目18番19号
電話　03-3813-2330
振替　00150-8-15495

印刷所　シナノ書籍印刷株式会社

ISBN978-4-902119-25-1

Samājasādhana-Vyavastholi of Nāgabodhi/Nāgabuddhi
— Introduction and Romanized Sanskrit and Tibetan Texts —

Date of Publication: 25 August 2016

Author: Kimiaki Tanaka

Publisher: Watanabe Publishing Co., Ltd.
5-18-19 Hongo, Bunkyo-ku
Tokyo 113-0033 Japan
tel./fax.: 03-3813-2330
e-mail: watanabe.com@bloom.ocn.ne.jp

Printer: SHINANO BOOK PRINTING Co., Ltd.

Distributor (Outside of Japan): Biblia Impex Pvt. Ltd.
2/18, Ansari Road, New Delhi-110002, India
tel.: +91-11-2327 8034 fax.: +91-11-2328 2047
e-mail: contact@bibliaimpex.com

©Kimiaki TANAKA 2016 Printed in Japan
ISBN978-4-902119-25-1